LES LEÇONS D'UNE VIE

Édition originale
A Woman makes a plan

Pour l'édition française
Conception graphique : Noémie Cesarone
Mise en pages : Frédéric Voisin
Correction : Barbara Petit
Photo de couverture : © Mark Seliger/AUGUST
Photos intérieures fournies gracieusement par l'auteure

Dépôt légal : 4e trimestre 2022

ISBN : 978-2-36549-589-9
ISBN ebook : 978-2-36549-590-5

www.thierrysouccar.com

IMPRIM'VERT® PEFC 10-31-1510

Imprimé et façonné en France par Corlet Imprimeur (Condé-en-Normandie)
N° d'imprimeur : 22090074

MAYE MUSK

LES LEÇONS D'UNE VIE

Sommaire

Je voudrais dédier ce livre aux personnes qui ont influencé ma vie :
Ma défunte mère, Wyn Haldeman, qui m'a donné, ainsi qu'à mes sœurs et à toutes les femmes qu'elle a croisées, la confiance pour réussir.

Ma défunte sœur, Lynne Haldeman, qui a écouté mes batailles tous les soirs pendant cinq ans et m'a encouragée lors de mes démêlés avec la copropriété de mon immeuble.

Ma sœur jumelle, Kaye, qui me protège sans cesse et me fait garder les pieds sur terre.

Tosca, ma fille adorée, et Elon et Kimbal, mes deux fils, qui m'ont toujours soutenue et respectée.

Mes onze petits-enfants auprès de qui j'apprends tous les jours et qui m'apportent tant de bonheur avec leurs questions.

Ma famille au sens large, mes amis et mon entourage, qui m'ont soutenue, quelles que soient les épreuves de la vie.

INTRODUCTION

Vivre dangereusement. Prudemment

Faites un plan et tentez votre chance

J'ai grandi dans une famille qui possédait un avion et avait une fascination pour l'exploration. Mes parents ont traversé leCanada, l'Amérique, l'Afrique, l'Europe, l'Asie et l'Australie dans un petit avion à hélice aux ailes couvertes de toile, sans GPS ni radio. Quand nous étions enfants, ils nous emmenaient chaque hiver dans le désert du Kalahari, à la recherche de la cité perdue. Rétrospectivement, il y avait de l'imprudence à traverser le désert avec cinq enfants, une simple boussole et trois semaines de réserves d'eau et de nourriture. Mais mon père et ma mère planifiaient nos voyages dans les moindres détails. La devise de notre famille était « Vivre dangereusement. Prudemment. » Mon père cherchait l'aventure et il était toujours prêt pour l'inattendu. C'est pourquoi je suis intrinsèquement curieuse, en quête de découvertes. Je sais que je peux prendre des risques tant que je suis préparée.

J'ai grandi avec le dicton afrikaans : *« 'n Boer maak 'nplan »*, qui signifie littéralement « Un fermier a un plan. » Les gens l'utilisent tout le temps en Afrique du Sud. Et c'était notre leitmotiv chaque fois que nous devions changer de cap ou régler un problème. Quel que soit l'obstacle, vous devez y faire face et trouver un moyen de le surmonter.

Au début, je voulais que ce livre s'appelle *Lutter et survivre*, mais ce titre ne semblait pas très convaincant. J'espère qu'en lisant cet ouvrage, vous lutterez moins et survivrez mieux que moi. Au cours de ma vie, les choses ont trop souvent mal tourné et, à chaque fois, j'ai dû trouver un plan. En tant que femme, vous pouvez planifier des choses mais, si le destin vous joue des tours, vous devrez tirer un nouveau plan. (Cela arrive aussi aux hommes.)

J'ai recommencé ma vie plusieurs fois. Adulte, j'ai vécu dans 9 villes et 3 pays. Je ne conseille pas de repartir de zéro comme moi à chaque fois mais, si vous avez à le faire, il vous faudra un plan. Vous pouvez vivre une vie plus passionnante et plus heureuse en prenant des risques. J'en ai pris beaucoup et, malgré les difficultés du début, j'ai persévéré jusqu'à réussir sur les plans personnel et professionnel. Vous n'avez pas besoin de planifier en détail chaque changement de votre vie, vous réglerez les problèmes au fur et à mesure. Et ils seront variés, bien sûr. Mais c'est à vous qu'il revient de faire le premier pas.

Des surprises nous attendent à chaque coin de rue. Qu'il s'agisse de prendre soin de soi, de sa famille ou de ses amis, de se sentir bien dans sa peau, de réussir sa carrière ou de mener une vie pleine d'aventures, il nous faut gérer beaucoup de choses en même temps. Mais, une fois le premier pas fait, un autre suivra et vous pourrez continuer à avancer.

Lorsque je me trouvais dans des situations défavorables, je lisais de nombreux livres traitant de l'amour ou du développement personnel. Ils me donnaient de l'espoir. Peut-être que partager avec vous mes expériences vous en donnera aussi.

Avoir mon âge est fantastique. J'ai vécu sept décennies, mené deux carrières avec succès et élevé trois enfants. Je suis la grand-mère de onze petits-enfants. Je n'ai jamais été aussi bien dans ma peau qu'aujourd'hui où je suis intervenante en bien-être et mannequin. On m'a même demandé d'écrire ce livre ! C'est pourquoi je dis qu'il est merveilleux d'avoir 71 ans. Chaque matin, je me réveille impatiente de vivre la journée.

Si vous avez un bon état d'esprit, un plan en tête et que vous aimez prendre des risques, vous pourrez décrocher la Lune.

PARTIE 1

BEAUTÉ

L'argenté est la nouvelle blondeur

La vie ne cesse de s'embellir

À 59 ans, j'ai laissé mes cheveux devenir argentés. Deux ans plus tard, je faisais la couverture du magazine *New York*, enceinte (enfin, je ne l'étais pas réellement, mais l'effet était plutôt convaincant). À 67 ans, j'ai défilé pour la première fois à la Fashion Week de New York avec des femmes qui avaient un tiers de mon âge. À 69 ans, je suis devenue une « covergirl ».

Vous vous rendez compte ? Moi, toujours pas ! Jamais je n'aurais pensé que laisser mes cheveux grisonner était le secret pour devenir top model. Quand j'ai défilé pour la première fois à 15 ans, on m'a dit que ce serait terminé à 18. En tant que mannequin, je ne m'attendais pas à être encore en activité dans la fleur de l'âge, à 71 ans ! Or, j'en suis bien là, cinquante-six ans plus tard. Et ce n'est que le début...

Les femmes n'ont pas à ralentir en vieillissant. Je cours comme un guépard. J'explore tout, je m'amuse, je travaille comme jamais et m'affaire sur les réseaux sociaux pour me convaincre que je suis extrêmement occupée. Je m'amuse comme une folle. « S'amuser » ? Si les hommes n'ont pas à lever le pied, nous ne devrions pas avoir à le faire non plus. Ne laissez pas l'âge vous ralentir ou vous empêcher d'aller de l'avant. Prenez soin de vous du mieux que vous le pouvez en mangeant sainement, en étant active, heureuse, souriante et confiante. Jamais je n'ai eu peur de vieillir. Aussi étonnant que cela puisse paraître, quand, à 60 ans passés, je vois les rides sur mon visage, ou sur mes cuisses et mes bras, je les trouve amusantes. Je suis tout simplement heureuse d'être en bonne santé.

J'ai commencé le mannequinat à l'adolescence à Pretoria, en Afrique du Sud, car une amie de mes parents dirigeait une école et une agence de mannequinat. Elle s'appelait Lettie. Son mari avait un avion, comme mon père. Tous les dimanches soirs, ils dînaient chez nous. Lettie était très belle et gracieuse, elle possédait une assurance tranquille qui vous donnait envie de faire ce qu'elle vous demandait.

Quand nous avons eu 15 ans, elle nous a invitées, ma sœur jumelle Kaye et moi, à suivre gratuitement son cours de mannequinat, ce que nous avons fait sans trop y réfléchir. Pour le défilé final, qui nous permettrait d'obtenir nos diplômes, je m'étais confectionné un tailleur rose dans le style de Chanel. J'avais fait coiffer mes cheveux bruns et m'étais maquillée toute seule.

Lettie a été la première à m'engager comme mannequin. Je faisais des défilés le samedi matin dans un grand magasin quand elle le demandait, ou des photos pour des supports imprimés. Je ne me sentais pas spéciale ou privilégiée parce que j'étais mannequin. Pour moi, c'était juste un travail. Je me souviens de ma surprise en découvrant qu'il était mieux payé que les autres, ce qui était génial. Vous allez quelque part, vous mettez une robe, vous marchez dans une pièce, vous rentrez chez vous. Pourquoi est-ce que ce serait bien payé ? Or, ça l'était, surtout pour une fille de mon âge.

À l'époque, je ne soupçonnais pas que je serai encore mannequin à 71 ans. Il suffisait de jeter un œil dans la pièce pour constater que les mannequins étaient toutes très jeunes. Je savais que c'était temporaire et ça ne me dérangeait pas du tout. Le simple fait de toucher une paie me rendait heureuse. Mon objectif n'était pas d'être mannequin mais d'aller à l'université.

À ma grande surprise, j'ai poursuivi cette activité à l'université. Comme prévu, j'ai obtenu mon diplôme puis je me suis mariée. Autre surprise ! Je n'avais pas non plus planifié d'avoir des enfants aussi rapidement. Je ne m'imaginais pas tomber enceinte pendant ma lune de miel ni avoir trois enfants en trois ans. Elon, Kimbal et Tosca ont été trois nouvelles surprises. À chaque enfant, j'ai fait ajouter quelques mèches blondes à ma chevelure. Après la naissance de Tosca, j'étais complètement blonde.

J'ai recommencé à poser après avoir eu mes trois enfants, à la demande de Lettie. Pour leurs défilés, ils recherchaient quelqu'un du type « mère de la mariée ». Ils ne pouvaient donc faire appel à une fille de 18 ans. Et toutes les autres étaient trop jeunes. Alors Lettie m'a contactée, parce que j'étais une femme adulte de 28 ans. C'est ainsi que je suis devenue le mannequin le plus âgé d'Afrique du Sud.

Devenue mère célibataire à 31 ans, j'ai déménagé à Durban pour fuir mon mari. Je n'avais plus les moyens de faire des colorations chez un coiffeur, alors mes cheveux ont connu différentes teintes de blond et d'orange. « Blorange », comme on dit. C'était plutôt moche. Ils frisottaient beaucoup et je les coupais moi-même pour faire des économies. On me faisait quand même fait poser, alors, je ne m'en suis pas soucié. Par ailleurs, je pouvais exercer mon activité de nutritionniste, que j'avais commencé à 22 ans à Pretoria. Tant que je pouvais aider mes clients, ils ne faisaient pas attention à l'aspect de mes cheveux.

À 42 ans, lorsque j'ai déménagé à Toronto, j'ai repris mes études pour obtenir un doctorat, tout en étant mannequin et enseignante, me tenant à la page dans ces deux professions. Mon book de mannequin prouvait que je pouvais travailler, si bien qu'une agence de Toronto voulut m'engager, pensant que je serais un bon retour sur investissement. La plupart des emplois de mannequin s'adressaient à des femmes plus jeunes mais, parfois, on cherchait un modèle plus âgé pour que le rendu soit réaliste. C'est à ce moment-là que j'ai fait ma première publicité sur une couverture en tant que « grand-mère ». À seulement 42 ans !

Je n'étais pas le seul mannequin quadragénaire de Toronto, évidemment. Si, la plupart du temps, j'étais la seule à occuper un poste de mannequin qui ne soit ni adolescente ni dans la vingtaine, il y avait des exceptions. En effet, je ne travaillais pas dans la haute couture. Nous n'étions pas à la Fashion Week de New York ou de Paris.

Je me souviens d'avoir participé à un défilé où il n'y avait que des femmes et des hommes âgés. Ensuite, nous sommes tous allés prendre un verre et un des gars m'a lancé : « Tu vas devoir payer ton coup, parce que tu es la seule qui n'a pas couché avec moi. »

Je me suis contentée de le fixer. Il a affirmé : « Oui, j'ai fait des pubs pour des matelas avec tous les autres mannequins. » C'était le genre d'emplois disponibles pour les modèles plus âgés : des annonces pour vendre des lits, ce genre de choses.

Je m'en fichais, parce que je n'étais pas là pour être affriolante. Ce n'était qu'un travail et j'en avais besoin. J'ai continué de poser parce que c'était amusant, que cela me faisait rester belle et que je pouvais quitter le bureau pour aller explorer des villes et rencontrer de nouvelles personnes. À l'époque, il fallait me réserver trois semaines à l'avance pour que cela ne perturbe pas mes autres activités professionnelles. Je ne posais pas plus de quatre jours par mois. Cela rapportait autant que mon cabinet de diététique, qui constituait mon revenu fixe de base, et je n'avais pas l'intention de faire des vagues. Le cabinet couvrait les dépenses quotidiennes, le loyer, le bus, les uniformes pour l'école, l'essence et les frais liés à la voiture. Le mannequinat me permettait de payer un billet d'avion bon marché pour rendre visite à la famille, quelques vêtements ou les choses dont nous avions besoin pour l'appartement.

Parfois, je m'offrais une robe. Le mannequinat était la petite cerise sur le gâteau.

Je ne disais pas aux clients de mon cabinet de nutrition que j'étais mannequin et, comme il n'y avait pas de réseaux sociaux, personne ne le savait. Parfois, quelqu'un demandait : « C'est vous dans ce magazine ? » Et je répondais : « Oui. Je suis la figure des peignoirs Sears. »

C'était mon travail. S'ils avaient un peignoir, ils m'appelaient pour le mettre en valeur.

À 50 ans, je vivais à New York. J'ai fait quelques bonnes campagnes puis j'ai signé avec une plus grande agence, pensant que je me ferais davantage connaître. Et c'est le contraire qui s'est produit. Du mannequinat occasionnel, je suis passée au mannequinat quasi inexistant.

J'envoyais des e-mails où j'expliquais que je ne les avais pas rejoints pour arrêter le mannequinat. Ils me répondaient qu'il n'y avait pas de travail pour moi.

J'appelais. On me répondait : « Ils ne veulent pas te voir. Ils préfèrent les autres modèles qui sont plus connues que toi. »

Je me disais : « Mais elles ne sont pas très connues non plus. » Je ne comprenais pas pourquoi les clients ne voulaient plus me voir. J'avais été mannequin pendant des décennies, était-ce le signe qu'il était temps d'arrêter ? J'entendais aussi que plus personne n'aimait mon look...

Parfois, je rencontrais par hasard des gens qui travaillaient dans le milieu. Ils m'arrêtaient dans la rue ou dans un restaurant et m'apprenaient : « On a essayé de réserver un créneau avec toi, mais tu n'es jamais disponible. »

J'allais à l'agence et je disais : « Des personnes ont essayé de réserver un projet avec moi. – Elles t'ont confondue avec quelqu'un d'autre. »

À ce moment-là, j'ai décidé d'arrêter de me colorer les cheveux. J'ai pensé : « Je suis à peine mannequin. Autant connaître la véritable couleur de mes cheveux ».

Mes cheveux ont commencé à repousser. C'était horrible : les racines faisaient une zone blanche sur le dessus tandis que les pointes au niveau des épaules étaient blondes. En tant que diététicienne, la couleur des cheveux n'a pas d'importance, du moment que vous êtes compétente. Sur les conseils de ma meilleure amie, Julia Perry, j'ai coupé mes cheveux très courts. C'était un look audacieux, stimulant, rien à voir avec ce que j'avais fait auparavant.

Une fois mes cheveux devenus gris, l'agence ne m'a rien envoyé pendant six mois. Ce fut une période très douloureuse. Je commençais à penser qu'il n'y aurait plus d'opportunités pour moi dans ce milieu, que c'était peut-être la fin de ma carrière de mannequin.

Puis un événement notable s'est produit. Une directrice de casting a appelé mon agence, elle souhaitait m'engager pour faire la couverture du *Time*. Or son bureau était à un pâté de maisons de chez moi et elle me voyait tous les matins promener mon chien. Cette fois, mon agence n'a pas pu dire que je n'étais pas disponible.

Ils ont dû m'engager pour ce contrat. C'est comme ça que j'ai fini dans le magazine *Time*, en première page de la section Santé.

J'ai réalisé qu'il y avait du travail pour moi. Ce n'était pas mon look qui posait problème. C'était mon agence.

J'avais besoin d'un plan. Tout le monde a sa propre stratégie. Moi, je voulais profiter de toutes les opportunités professionnelles qui s'offraient. Mes agents auraient dû promouvoir ma carrière mais, pour une raison que j'ignore, ils ne le faisaient pas. Quand je m'en suis rendue compte, j'ai dû agir. Je ne pouvais pas rester sans rien faire et les laisser me priver de travail.

Je suis allée à l'agence pour leur dire ce que je pensais. Si vous voulez quelque chose, vous devez le demander. Mon interlocutrice était furieuse : « Comment osez-vous penser que nous ne travaillons pas dur pour vous ? »

Elle mentait. Nous le savions toutes les deux. C'est une chose d'aller à une audition et de ne pas décrocher le contrat. Ça m'est arrivé de très nombreuses fois. Vous y allez, vous faites la queue, comme vingt autres femmes, et vous n'avez pas le job. Ça fait partie du métier de mannequin. Mais ne pas être envoyée aux castings par son représentant, c'en est une autre, et une mauvaise.

Ils ont refusé de l'admettre et continué à insister sur le fait qu'il n'y avait pas de travail. J'étais coincée car j'étais sous contrat avec eux.

Lorsque vous êtes dans une situation professionnelle défavorable dont vous voulez sortir et que vous stagnez, vous êtes dans l'angoisse du lendemain. C'est terrible. Tous les jours, vous vivez des moments pénibles au travail. Et comme vous ne ressentez aucune joie, votre journée est pesante.

Or vous devez vous réjouir de votre travail et l'aimer, car vous y passez la plupart de votre temps. Dans mon cabinet de diététique, j'ai eu de nombreuses clientes avocates qui aimaient leur travail, mais pas leur patron. Je le sais parce que leur mal-être et leur stress les poussaient à mal manger. Je leur conseillais de renverser la situation. Elles le faisaient : elles allaient dans un nouveau cabinet d'avocats ou se mettaient à leur compte. Elles étaient plus heureuses et mangeaient mieux. Mes clientes disaient toujours que je leur coûtais moins cher qu'un psychologue.

J'ai passé au crible mon contrat de mannequinat et j'ai vu qu'il ne s'appliquait qu'à New York. Alors, j'ai contacté des agents à Philadelphie. Dans les Hamptons. Dans le Connecticut. Dans le New Jersey. À Los Angeles, Hambourg, Munich, Paris, Londres. J'ai signé avec des agences et commencé à avoir du travail. J'allais en Europe pour des photographies de catalogues, des éditoriaux, des publicités pour les cheveux ou des produits pharmaceutiques. Ça payait bien, selon mes standards, mais je voyageais toujours en classe économique avec un budget limité.

Plus près de chez moi, je posais pour des catalogues, des publicités et des showrooms. Ce n'était pas très prestigieux mais c'était du travail. Il consistait à montrer des vêtements aux clients de grands magasins bon marché. Je me changeais dans une petite cabine en carton et j'y allais. Il y avait 30 personnes assises là, qui me regardaient porter les vêtements. Quand je retournais dans la cabine, un bagel avec du fromage frais m'attendait. À chaque changement de tenue, j'en croquais une petite bouchée, je n'avais pas le temps d'en manger davantage.

La plupart des opportunités se trouvaient à New York et me restaient inaccessibles. Mais je savais que je pouvais faire mieux. Je savais que ce n'était ni mon âge ni mon apparence qui m'empêchaient de progresser. Le problème venait de l'agence, pas de moi ! Je devais contourner cet obstacle.

Je me suis assise dans la salle d'attente et j'ai attendu, encore et encore, jusqu'à ce qu'on me dise d'aller voir le responsable. Je lui lance : « Je n'ai pas fait de casting depuis six mois. Vous devez me laisser partir. »

J'étais déterminée à ne pas quitter la pièce avant d'avoir obtenu ce que je voulais. Il a fini par accepter. J'aurais dû le faire plus tôt ! Soyez moins lente que moi et vous souffrirez moins. Si votre situation n'évolue pas, sortez-en dès que vous le pouvez. Même s'il s'avère que vous n'avez plus rien après. Ou même si vous pensez que vous n'aurez plus rien après ou que vous manquerez d'argent.

Après cette épisode, j'ai rejoint une agence-boutique avec laquelle j'avais déjà travaillé auparavant. Ils aimaient mon nouveau look et étaient ravis de collaborer avec moi. Ils m'ont envoyée faire un éditorial à Toronto. Ce n'était pas anodin car, avec l'âge, personne ne veut de vous pour ce genre d'article. Le travail était cool mais moi, je ne l'étais pas. Je n'avais aucune idée de la façon de poser pour un éditorial !

Pour les catalogues, vous êtes détendue, vous êtes une personne heureuse qui ne froisse pas sa tenue. Vous n'avez pas à vous tordre pour une prise de vue bizarre. Pour un éditorial, on a le droit de sauter, de danser, de s'étirer et de faire des choses folles. Je devais apprendre, alors, j'ai commencé à examiner les magazines.

Ma seule expérience éditoriale remontait à mes 45 ans où j'étais l'arrière-plan gênant du célèbre mannequin de la séance.

J'ai pris l'avion pour Toronto. J'étais le seul mannequin de la séance photo. Je demande : « Où sont toutes les autres ? » On me répond : « Nulle part, tu es la seule. »

J'ai alors retrouvé ce monde créatif de designers, de couturiers, de beaux vêtements. Ils effectuaient un reportage dédié au blanc, huit pages de tenues blanches. C'était tellement beau ! Une coiffure différente à chaque fois, même avec les cheveux courts. Quand j'ai réalisé où j'étais, tout ce que j'ai pu dire, c'est : « Wahou ! »

Ensuite, j'ai commencé à être sollicitée. Après avoir déménagé à New York, une fois où Kimbal et moi étions à Times Square en train de regarder les gigantesques panneaux publicitaires, je lui avais dit : « Un jour, je serai sur l'un d'entre eux. » On avait tous les deux gloussé. Et maintenant, j'y étais : sur un panneau de plus de quatre mètres de haut à Times Square, pour la première fois.

Je m'étais rendue à un casting avec 300 autres femmes pour une publicité de Virgin America, et c'est moi qu'ils avaient engagée. Au shooting, j'avais croisé une jeune fille et un jeune homme, de très jeunes modèles, trop exceptionnels pour me parler. Pourtant, c'est moi que l'on voyait sur les panneaux d'affichage finaux. À 67 ans, j'étais partout : à Times Square, dans le métro et dans tous les aéroports d'Amérique. Vous ne pouviez pas descendre d'un train ou prendre un avion sans voir mon visage.

Qui aurait cru que les choses allaient décoller quand mes cheveux seraient devenus gris ? À 15 ans, on m'avait dit qu'à 18, ce serait fini pour moi. Et à 71 ans, me voici plus épanouie que jamais. Ce que j'ai appris, c'est qu'on peut toujours trouver un moyen de s'en sortir. On peut toujours changer de plan. Bien sûr, il m'a fallu du temps pour apprendre et, aujourd'hui encore, j'apprends en permanence.

Une autre surprise colossale s'est produite : les réseaux sociaux ! *Social media* ! Les gens ont adoré me voir les cheveux blancs. Grâce à ces publications et cette couleur blanche, j'ai décroché des contrats de mannequinat. Aujourd'hui, je suis très heureuse d'entrer dans une pièce en sachant que je suis la seule personne avec une telle chevelure. S'il y a une autre femme avec des cheveux blancs, je lui souris et dis : « On fait la paire. »

Une chose dont je suis certaine, c'est que la vie ne fait que s'améliorer. Tous les lundis, je suis plus excitée que jamais, je m'attends à ce qu'un projet amusant se présente. Même s'il ne se passe rien, je suis toujours enthousiaste à l'idée de travailler sur les réseaux sociaux et à mon site Web pour que quelque chose se produise. Avoir 71 ans est formidable. L'âge ne m'inquiète pas.

Je suis trop occupée à m'amuser.

Être fascinante

Mieux vaut être intéressante que belle

J'avais la cinquantaine et me rendais à un casting pour une pub beauté. Le directeur me dit : « Oh, vous êtes tellement belle ! » Je rétorque : « Ce n'est pas la condition préalable ? »

Je croyais que ma blague aurait du succès parce que, ayant grandi en Afrique du Sud, j'étais habituée à ce que les gens se déprécient beaucoup.

Ils ont été choqués et ne m'ont pas trouvée drôle du tout. Je n'ai finalement pas été retenue pour ce travail car j'étais trop insolente.

Après ça, j'ai appris à répondre simplement : « Merci. »

Je n'ai jamais compris pourquoi tout le monde parle de la beauté en Amérique. En Afrique du Sud, on estime davantage une femme pour son intelligence, sa sympathie et son sens de l'humour, plutôt que pour son apparence physique.

Là-bas, on me disait souvent : « Vous êtes drôle ». Je l'ai cru et pense que je le suis. Les gens s'intéressaient davantage à mon travail de diététicienne, au fait que mes recherches soient à jour et que je donne des conférences. Et que je sois sur les réseaux sociaux. Et que j'aie mon cabinet. Ils étaient séduits par mon éthique professionnelle et mon professionnalisme.

Une fois arrivée en Amérique, j'ai appelé ma sœur jumelle Kaye pour lui parler de cette manie américaine d'évoquer le fait d'être beau.

Kaye est l'une des personnes que je préfère. Nous parlons tous les soirs et elle me dit toujours la vérité. C'est la personne vers laquelle je me tourne pour obtenir des conseils sur tout, des investissements financiers à l'éventualité de me faire poser ou non des facettes dentaires (elle a dit non). Elle a toujours été là pour moi et m'a toujours soutenue.

Le meilleur chez Kaye, c'est son franc-parler et le fait qu'elle ne se laisse pas démonter. Elle dit ce qu'elle pense, tout simplement.

Cela ne veut pas dire qu'elle est mortellement sérieuse. Kaye rit toujours et, de nous deux, c'est la plus rigolote. Sauf qu'elle n'essaie d'amuser personne d'autre qu'elle-même. Par conséquent, les gens l'aiment à la folie et tout le monde s'agite autour d'elle quand elle commence à parler.

Si vous la rencontriez, vous l'aimeriez aussi. Dès que quelqu'un fait la connaissance de Kaye, je peux aller m'asseoir dans un coin pour tricoter. Malheureusement, vous ne la rencontrerez jamais car c'est un ermite.

Kaye m'a dit un jour : « Les gens ont toujours trouvé que tu étais belle, même s'ils ne te le disaient pas. Quand tu entrais dans la pièce, on te regardait systématiquement. »

Je ne l'avais pas remarqué parce que je ne regarde personne. Je regarde seulement où je vais. Sa remarque m'a fait penser à des garçons avec qui je suis sortie au fil des ans et qui me disaient : « Maye, quand on entrera dans le restaurant, tu pourras marcher devant moi ? »

Je m'exécutais et ils me rejoignaient ensuite pour que tout le monde puisse voir que nous étions ensemble. Bien sûr, ils finissaient quand même par me larguer parce que c'est ce que font les gens qui ne s'attachent qu'aux apparences.

J'aurais dû les larguer la première. Lorsque vous rencontrez une personne belle, vous souhaitez profiter de sa compagnie. Mais si elle n'est pas intéressante, vous allez très vite prendre vos distances. Il vaut mieux que les gens vous apprécient pour votre personnalité plutôt que pour votre beauté extérieure.

Je me souviens d'avoir rencontré un couple dont l'homme était très beau et la femme ordinaire. Un duo inattendu. Jusqu'au moment où elle a commencé à parler : elle est devenue la personne la plus irrésistible de la pièce. C'était son attitude. Sa confiance. Sa façon de voir la vie. Son intelligence et son humour m'ont séduite et elle est devenue une bonne amie. Pas une seconde, je ne m'en suis lassée.

Une personne peut être tant de choses. Je préférerais que mon épitaphe dise « Elle était drôle » plutôt que « Elle était belle ».

L'obsession de la beauté extérieure peut générer des angoisses si vous n'êtes pas parfaite. Elle peut vous rendre malheureuse et vous empêcher de développer de nombreux autres traits de caractère merveilleux tels que l'intelligence ou le fait d'être amusante et intéressante.

Mon conseil est d'être gentille avec les autres, de les écouter et d'être optimiste. Ne commencez pas à parler de vos petits malheurs. Faites preuve de confiance, de respect, d'intérêt pour autrui et souriez, cela vous rendra fascinante.

Chacun possède un talent qu'il peut partager avec les autres. Si, à un moment, vous avez l'impression de ne pas en avoir, repensez à une période de votre passé où vous étiez confiante sur tel aspect de votre vie. Travaillez sur ce moment, étudiez-le, partagez-le et vous serez plus intéressante. Si vous avez une profession, un hobby ou un centre d'intérêt particulier, approfondissez le sujet, lisez et faites-en part dans vos conversations. Montrez de l'enthousiasme pour cette passion, vous en deviendrez plus intéressante et plus intelligente. Vous n'avez pas besoin d'être bonne dans tout mais il faut l'être dans quelque chose. Il se trouve que je ne cuisine pas bien et, quand on me demande des recettes, je ne peux pas aider. Cela ne me pèse pas, ce n'est ni un de mes talents ni un de mes centres d'intérêt. Je ne vais certainement pas expérimenter de nouveaux produits pour impressionner tout le monde alors que je n'aime pas ça. Assurez-vous d'être bonne dans quelque chose que vous aimez.

Essayez également d'avoir de l'humour et de moins vous préoccuper de ce que pensent les gens. Quand un homme veut sortir avec moi et que je lui dis non, il me rétorque qu'il peut trouver plus jeune que moi. Je me contente d'en rire. Je me fiche de ce qu'il peut trouver. Il ne m'intéresse pas et je ne vais certainement pas m'énerver pour ça.

Nous devons aller de l'avant et être heureuse avec nous-mêmes. Si vous pouvez parler avec humour, rire de vous-même et ajouter de la légèreté à vos propos, vous serez plus amusante. Il est difficile de ne pas parler de soi, surtout si l'on traverse une période difficile, mais il faut rester fascinante.

Excellent mannequin. Mal habillée

Pas besoin d'être élégante, il suffit d'un ami élégant

J'avais l'habitude de m'habiller de façon glamour une ou deux fois par an, pour mon anniversaire ou un mariage. Ce n'est qu'à 67 ans, invitée par Elon au Met Ball, incontournable gala de mode, que j'ai compris à quel point il fallait se préparer pour fouler le tapis rouge. Quand je suis dans une robe spectaculaire, je me sens fantastique. Je marche avec plus d'assurance, je me tiens droite, je souris à tout le monde et mon pas est plus dynamique.

Je comprends à présent tout ce que fait une équipe pour préparer les célébrités au tapis rouge lors des remises de prix et des premières de films. Les créateurs, les stylistes et leurs assistants se mettent tous la pression pour trouver la tenue parfaite. Ce que l'on ne sait pas, c'est que le sous-vêtement adéquat permet à la robe de tomber joliment. Les accessoires sont également importants, qu'ils soient discrets ou saisissants. La coiffure doit être différente à chaque fois pour que les gens sachent que vous avez fait un effort. Les maquilleurs choisiront un look naturel « sans maquillage » (qui prend quand même une heure) ou un look très glamour avec des faux cils et des contours très marqués. Aujourd'hui, je sais que cela requiert une armada de personnes. Pensez-y la prochaine fois que vous verrez des célébrités.

Si je me rends à un événement en étant merveilleusement habillée, c'est parce que Julia Perry, ma meilleure amie et ma styliste depuis près de trente ans, m'habille.

J'ai rencontré Julia quand j'avais 43 ans. Je venais de terminer ma deuxième maîtrise à Toronto et me démenais pour créer mon cabinet de nutrition. Ma carrière de mannequin s'est alors avérée utile : une agence qui dirigeait une école de mannequinat me proposa d'occuper gracieusement un bureau. En contrepartie, je posais pour eux et donnais des cours dans l'école le soir. J'ai donc enseigné les ficelles du podium (*catwalk*), les secrets des supports imprimés et, surtout, les clés du professionnalisme. Pour la première fois, j'avais mon propre bureau, loin de chez moi. C'était particulièrement stimulant et je me sentais très professionnelle.

À peine un mois plus tard, ils me demandaient de diriger l'école de mannequinat car la personne en charge du programme était trop désorganisée. J'étais connue pour être très fiable et ponctuelle, ce qui est un énorme avantage. J'ai proposé d'enseigner les aspects relatifs à la garde-robe. Si j'avais l'habitude d'enseigner cette matière en Afrique du Sud, je n'avais aucune idée du peu de connaissances dont je disposais dans ce domaine.

Ils ont fait venir une experte et, dès qu'elle a ouvert la bouche, j'ai réalisé que je n'y connaissais rien. Elle a commencé à parler des quatre saisons, des différentes couleurs, des différentes textures... J'étais époustouflée.

C'est ainsi que j'ai rencontré Julia. De son côté, elle vous décrirait ainsi sa réaction la première fois qu'elle me vit : « C'était une belle femme, qui enseignait dans une école de mannequinat. Excellent mannequin. Mal habillée. Très mal. »

Si, aujourd'hui, je suis habillée avec des vêtements très tendance, il n'en a pas été ainsi pendant la majeure partie de ma vie. Quand j'étais enfant, ma mère confectionnait elle-même tous nos vêtements ainsi que les siens. À l'adolescence, j'ai appris à coudre pour faire de même. Je fabriquais des pantalons à pattes d'éléphant et des robes de tente. Je pouvais même faire un costume. Au début, je suivais un patron puis ma mère m'a envoyée suivre des cours pour que je puisse faire les vêtements des magazines, dont le modèle n'était pas disponible. Si je voulais porter de la haute couture, je devais la faire moi-même !

Pour mes tenues professionnelles, je choisissais principalement des costumes. Je ne portais rien de moulant ni de serré car j'avais un rôle de conseillère. Avec un costume, je me sentais à l'aise et j'entrais dans la pièce de manière assurée. Je trouvais que ça faisait chic et que j'avais l'air digne de confiance.

Ma fille Tosca me taquinait : « Tu vas encore porter un costume gris ou bleu marine ? » En effet, mes tenues ne variaient pas beaucoup.

J'ai toujours pris soin de moi mais je n'avais pas vraiment bon goût. Par bonheur, je n'en avais pas conscience. Comment aurais-je pu m'en apercevoir ? J'étais entourée de scientifiques, nous étions concentrés sur le travail de recherche et nous œuvrions pour autrui, afin de le garder en bonne santé. On aimait notre travail et c'était tout. J'étais plus élégante que mes amis scientifiques. Pour eux, évidemment, je m'habillais de façon fabuleuse. Et je me sentais très sûre de moi.

Puis j'ai rencontré Julia, qui m'a dit que je devais mieux m'habiller. Par exemple, au lieu d'une multitude de costumes du même genre, il valait mieux n'en avoir qu'un seul, qui m'aille vraiment bien et dont le tissu soit de meilleure qualité. Elle a ajouté qu'elle pourrait m'aider pour ma garde-robe. J'avais besoin de ses conseils mais je n'avais pas les moyens de la payer. Alors nous avons convenu que je lui donnerais une consultation de nutrition en échange d'une consultation sur le style. Je pense que j'ai amélioré ses habitudes alimentaires. Elle affirme que ça a été le cas et que ça l'est toujours aujourd'hui. Quant à moi, ses recommandations ont changé ma vie.

Avant Julia, je ne savais pas vraiment comment m'habiller pour faire la meilleure impression possible. Après Julia, mon assurance extérieure était à la mesure de ma confiance intérieure. Je suis convaincue que le succès de mes deux carrières est lié aux conseils qu'elle m'a donnés sur la façon de m'habiller.

Julia est venue chez moi, a commencé par examiner ma garde-robe et a presque tout jeté. Il ne restait que quelques vêtements.

« Maintenant, tu dois acheter un costume, deux chemisiers, une paire de chaussures et un sac. OK ? », m'a-t-elle demandé. J'ai répondu que je n'avais pas les moyens d'acheter quoi que ce soit.

Elle a rétorqué : « Tu dois être aussi belle que tes clients. » Mes finances n'étaient pas au beau fixe, alors j'ai accepté qu'on procède par étapes. Je n'avais pas besoin de beaucoup de vêtements : mes clients me voyant une fois par semaine, inutile d'avoir une tenue différente pour chaque jour.

La première fois que j'ai porté une tenue bien coupée et faite dans un tissu de qualité, je me suis sentie plus assurée.

Comme je gagnais de l'argent, Julia voulait que je continue à constituer ma garde-robe mais je n'avais pas de temps à perdre. Je travaillais trop pour perdre mon temps à faire du shopping. Elle m'a intimé l'ordre de bloquer une heure dans mon planning.

Il y avait de grands magasins tout près. Elle s'y rendait et prenait toutes les pièces qui lui semblaient importantes : un deuxième costume, des chaussures, des chemisiers, des tenues décontractées, un manteau. Je m'y précipitais pendant ma pause, essayais rapidement et payais ce qui me plaisait avant de retourner au bureau. On se retrouvait pour faire ça une fois tous les deux mois. C'est ainsi qu'elle a constitué ma garde-robe.

Si vous voulez avoir du style mais que vous trouvez ça compliqué, comme moi, trouvez une amie qui en a beaucoup. Généralement, ce genre de personne adore faire du shopping. Demandez-lui de vous emmener choisir certains basiques et une tenue magnifique pour une occasion spéciale. Cette personne doit aussi vous aider à choisir vos accessoires : boucles d'oreilles, collier, sac à main, chaussures, collants, etc. Vous avez besoin d'un look complet. Vous vous sentirez certainement très mal à l'aise et bizarre dans les tenues que votre ami(e) aura choisies. C'est encore le cas pour moi mais j'ai reçu tant de compliments que je me suis résolue à faire confiance à quelqu'un qui a plus de style. Soyez prête à changer, à faire des erreurs, à changer encore, jusqu'à ce que vous trouviez le style adéquat.

Je n'étais pas bien riche la plupart du temps mais j'ai quand même réussi à m'habiller aussi élégamment que mon talent limité le permettait. Vous pouvez confectionner vous-même des vêtements comme je l'ai fait pendant de nombreuses années. En achetant un patron et un tissu bon marché, vous pouvez réaliser une jolie robe. Bien sûr, il faut avoir une machine à coudre. Vous pouvez aussi vous rendre dans les magasins de vêtements bon marché ou à prix réduit. Demandez à quelqu'un que vous aimez de vous accompagner.

Alors que j'étais fraîchement arrivée à Toronto, une amie m'a emmenée dans un magasin à prix réduit et fait acheter une mini-jupe à dix dollars. À 42 ans. J'étais très embarrassée mais tout le monde a flashé dessus.

Les gens pensent qu'il faut beaucoup d'argent pour être beau. Mais, moi qui ai lutté financièrement pendant de nombreuses années, je vous assure qu'il est possible de budgéter une garde-robe dans ses dépenses annuelles globales. Comme une coupe de cheveux ou une visite chez le dentiste. Si vous n'avez que

500 dollars à dépenser deux fois par an, profitez des ventes spéciales, des magasins d'occasion et des agences de location qui peuvent vous aider à trouver deux ou trois tenues adaptées à votre style de vie et à votre travail. L'investissement en vaut la peine. Tout ce qu'il vous faut, c'est un plan.

Voici le mien : deux fois par an, mon amie Julia vient à mon appartement pour passer ma garde-robe en revue. Nous allons toujours à l'essentiel pour ne retenir que le meilleur et l'indispensable. Pour ce faire, sortez toutes vos affaires de votre placard et de vos tiroirs. Remettez-y les vêtements et accessoires qui vous vont et que vous aimez porter. Rafistolez ceux qui ont besoin de l'être.

En épurant ma garde-robe et en ne gardant que les pièces que je vais vraiment porter, m'habiller devient un plaisir et non une corvée. De nombreuses personnes lisent des blogs de mode et passent des heures à faire du shopping ou à essayer différentes tenues. Elles adorent ça. Ce n'est pas mon cas ! J'aime bien m'habiller joliment mais je ne veux pas y consacrer du temps tous les jours. C'est pourquoi nous faisons souvent le tour de ce que j'ai, nous prenons les vêtements que je n'ai pas portés pour les mettre dans des sacs et les donner à l'association caritative Dress for Success. Ces vêtements sont en parfait état et ils sont propres. Ils ne me vont plus mais ils rendront quelqu'un d'autre très heureux. J'aurais aimé qu'il existe des initiatives similaires à Toronto quand je ne pouvais pas me payer un manteau.

Si vous n'entretenez pas constamment votre garde-robe, il est probable que la moitié des vêtements qui traînent dans votre armoire soient trop petits, trop grands, aient besoin d'être reprisés ou ne vous ressemblent tout simplement plus. L'essentiel est que ces vêtements vous aillent : trop grands, vous aurez l'air mal fagoté ; trop serré, vous aurez l'air affreux.

Julia et moi sommes d'accord pour dire que de bons basiques constituent un point de départ. Vous pouvez y ajouter des créoles dorées ou un joli jean et des bottes cool. Commencez par des tenues simples pour le quotidien, comme des jeans noirs, qui sont sexy avec tout. Les leggings en faux cuir que vous porterez avec un pull ou une chemise boutonnée. Un manteau de laine grise élégant ou un trench-coat sophistiqué. De beaux t-shirts et des boucles d'oreilles que vous pouvez porter avec tout. Que vous commenciez seulement à constituer votre garde-robe ou que vous ayez besoin d'un pièce précise, investissez dans un superbe blazer ou une magnifique veste. Cela complétera vos pièces existantes et renforcera votre prestance.

Une fois que vous maîtrisez les bases, ajouter de la couleur devient très amusant. Un cardigan vert ou rose, ou quelque chose que vous enfilez sur tout. Ou encore une ceinture originale qui vous permettra de modifier le style de votre trench-coat. La maroquinerie de haute qualité est un autre moyen d'ajouter un plus à des vêtements et de vous faire rayonner. Lorsque Julia a commencé à travailler sur ma garde-robe, elle s'est débarrassée de ma collection de sacs à main pour la remplacer par un unique sac en cuir de bonne qualité. Même lorsque je disposais d'un budget limité, elle m'a appris que la quantité n'est pas importante mais la qualité, si. J'ai donc appris à me faire plaisir avec un article de bonne facture, sans culpabiliser. De cette façon, nous pouvons être à la mode sans pour autant acheter sans cesse : en portant des articles plusieurs fois et en faisant peu de nouvelles acquisitions.

La morale de cette histoire ? Il n'est pas nécessaire d'être élégante pour bien s'habiller. Il suffit d'avoir dans son entourage une personne qui a du style.

Je vois parfois d'autres femmes qui ont des cheveux blancs comme les miens et qui me disent : « J'adore votre robe ». Je leur réponds : « Eh bien, vous pouvez en porter une aussi ! »

Beaucoup de femmes pensent qu'elles ne peuvent pas. Mais les femmes de mon âge, ou de tous âges, n'essaient pas. Je le sais parce que j'étais comme elles avant.

Julia me disait : « Mets ça ! » Je lui rétorquais : « Non, je ne porterai pas ça ! » J'essayais de résister mais elle n'en démordait pas.

À toutes les grandes fêtes que j'ai données pour mon anniversaire, elle ignorait mes réticences quand je disais qu'une robe était trop serrée ou trop sexy. Et je suis très contente qu'elle l'ait fait car les photos sont magnifiques !

C'est pourquoi maintenant, je dis « oui » : j'ai appris que je peux aimer une tenue si je l'essaie. Si je ne l'aime pas, quelle importance ? Ce ne sont que des vêtements. Vous pouvez essayer des looks qui vous terrifient car rien ne vous oblige à les porter de façon définitive.

Je n'étais pas téméraire par le passé mais à présent je le suis. Je participe à de nombreux éditoriaux de mode et à des séances d'essai aux thèmes si créatifs que je suis souvent coiffée

de manière audacieuse ou inattendue. Désormais, je suis plus curieuse vis-à-vis de la mode et même plus aventureuse, je confie mes looks à mon équipe de haute couture. Souvent, avant d'aller à un événement, je me regarde dans le miroir en me demandant: « Qu'est-ce qui a pu passer par la tête de mon styliste ? Ce look me dépasse. » Mais j'apprécie les réactions des photographes, d'amis et d'inconnus. Je ne ressemble pas à la septuagénaire classique et je m'amuse enfin avec la mode. Pourquoi ai-je mis si longtemps ?

Une fois qu'on vous aura fait un compliment, vous vous sentirez bien, vous marcherez en vous tenant bien droite, vous sourirez davantage et serez à l'aise avec votre nouveau style. Essayez !

J'aime le maquillage et c'est réciproque

Le maquillage peut changer votre look et votre humeur

Être une personne fascinante n'est pas synonyme de look terne. J'aime le maquillage parce qu'il transforme mon visage nu en œuvre d'art, comme une toile blanche sur laquelle on peindrait. J'ai des taches de soleil sur le visage et des cernes sous les yeux. Et oui, j'ai des rides. Mais un fond de teint et un correcteur efficaces unifient la couleur de ma peau. Mes sourcils et mes cils sont quasi-inexistants et j'ai les lèvres fines. Un crayon à sourcils va joliment structurer mon visage. Le maquillage ouvre le regard et agrandit les yeux. C'est encore plus vrai pour le mascara. Des faux cils me donnent l'air glamour et je suis prête à fouler le tapis rouge ! Du crayon sur le contour de mes lèvres les redessine tandis que le gloss les rend plus pulpeuses. Le maquillage estompe mes rides, agrandit mes yeux et galbe mes joues. Et c'est pour cela que j'en mets.

Chaque look peut être différent, en variant les fards à paupières et les rouges à lèvres. Je m'amuse à expérimenter, toujours stupéfaite devant le résultat.

Je me maquille depuis le début de l'adolescence. C'était les années 60 et j'observais Twiggy dans les magazines. Son look demandait beaucoup de travail avec une ligne noire dans le pli de la paupière, des faux cils en haut et des faux cils courts en bas. On peignait aussi les cils inférieurs. Cela prenait une heure et c'était amusant. Avec mes sœurs, on adorait, ça nous donnait un air spectaculaire et branché. Notre père entrait alors dans la pièce et lançait : « C'est trop lourd ! »

Le problème avec la mode, c'est qu'on doit changer avec elle. Lorsque le maquillage naturel est devenu tendance, j'ai dû revoir totalement ma routine. Dans les années 60, le maquillage à la Twiggy avait popularisé les sourcils très fins. Je maniais si bien la pince à épiler que les miens n'ont jamais repoussé. Je ne crois pas que j'en avais beaucoup, à l'origine, mais j'ai épilé le peu que j'avais.

Dès que cette mode fut passée, j'ai dû apprendre à les étoffer. Et je le fais toujours ! C'est la joie que procure le maquillage : je ne suis pas douée pour tracer mes sourcils mais, au moins, j'en ai grâce à lui !

Aujourd'hui, à 71 ans, j'ai encore l'occasion de m'habiller en grande tenue pour le tapis rouge ou pour défiler. Mais je ne m'apprête pas tous les jours ! La plupart du temps, quand je suis à la maison, je ne mets pas de maquillage. Je me limite à une peau bien nettoyée et un baume à lèvres. Je ne me maquille pas quand je fais les courses avec mon chien, quand je suis sur mon ordinateur pendant la journée ou quand je vais chercher mes petits-enfants à l'école. Je me maquille quand je sors déjeuner, quand je vois des amis ou quand je me rends à une réunion.

Ma routine maquillage commence toujours par un visage propre et hydraté. Je prends soin de ma peau de manière simple. À la maison, j'utilise un nettoyant pour le visage, en voyage, du savon et de l'eau. J'applique une crème pour les yeux, puis une crème hydratante avec un indice de protection de 15 au minimum si la journée est ensoleillée. Le soir, je nettoie mon visage pour enlever le maquillage que j'ai éventuellement porté, puis j'applique une crème pour les yeux et une crème de nuit.

Mettez toujours de la crème solaire ! Si vous sautez le maquillage, c'est votre choix. Mais omettez de vous protéger du soleil et c'est la porte ouverte aux ennuis. Combien de femmes s'inquiètent de prendre soin de leur peau pour aller ensuite s'allonger au soleil et donc faire tout le contraire ! La meilleure décision qu'une personne puisse prendre est de protéger sa peau du soleil, en portant un chapeau et en appliquant de la crème solaire, par exemple.

Je me maquille moi-même, sauf quand je vais sur le tapis rouge. Si je me maquillais pour ce genre d'occasion, j'aurais l'air fade alors qu'un professionnel me met en valeur et me rend glamour. Parfois, c'est avec un fard à paupières vert, parfois avec du doré au coin des yeux. C'est vraiment différent pour une septuagénaire. Les commentaires sur les réseaux sociaux sont positifs, alors, on continue d'essayer.

On me dit « féroce », « flamboyante », « GOAT » (« Greatest Of All Time » et « OG » (« Original Gangster »). Et ça, c'est vraiment amusant.

Quand je me maquille moi-même, c'est fait en dix minutes. Les maquilleurs en ont pour une heure. Même en prenant autant de temps, je serais incapable de créer le look approprié parce que je ne possède pas ce talent. Ce sont des artistes ! Et je suis une scientifique.

Même les gens qui ne sont artistes peuvent réaliser un maquillage convaincant à l'aide de quelques outils simples et de la méthode. Je connais une maquilleuse qui porte dans une valise tous ses produits et outils. Au total, plus de 23 kilos de maquillage qu'elle emmène avec elle dans l'avion. Elle doit toujours payer un supplément pour le poids mais elle a besoin de ces kilos. C'est son travail.

J'ai la chance d'avoir mon amie Julia comme directrice artistique pour un événement. Nous décidons ensemble de qui je vais être pour la soirée et elle réfléchit à ce qu'elle peut faire pour qu'on me remarque.

Comment serai-je coiffée ? Comment serai-je maquillée ? Mon look sera-t-il frais ? Vais-je porter un fard à paupières d'une teinte théâtrale ? Un rouge à lèvres de couleur vive ? Elle peut demander de l'or, du violet, du bleu. Elle pense aussi à l'endroit où se déroulera l'événement, car le personnage que l'on crée est destiné à une occasion spécifique. S'agit-il d'un événement en rapport avec le cinéma ? Le lancement d'un livre ? Un événement caritatif ? Ensuite, l'équipe se met au travail et cela prend l'allure d'une fête costumée.

Lorsque j'ai été choisie comme « CoverGirl » à 69 ans, ce fut une immense et fantastique surprise. J'avais déjà fait des campagnes de maquillage mais aucune dont j'étais le mannequin principal. J'étais très motivée. L'Amérique pouvait maintenant voir que le maquillage était bon pour tous les âges. On ne m'a jamais demandé de paraître plus jeune, ni fait ressentir la nécessité de cacher mon âge. Je suis tellement heureuse d'avoir 71 ans ! Tellement joyeuse de faire savoir aux gens qu'on peut être magnifique à cet âge-là.

En tant que femme, le maquillage peut améliorer notre apparence. Profitons-en.

Le jeu de la confiance

Marchez la tête haute et soyez attentionnée

Notre confiance est souvent mise à mal. Parfois, vous devez faire semblant en marchant la tête haute. C'est un jeu. Dans ma famille, on se tient bien droit. Ma mère était danseuse, mon père était chiropracteur et sa mère à lui était l'une des premières chiropractrices du Canada. Ma fratrie et moi avons pris très tôt cette habitude et l'avons perpétué : mes sœurs sont devenues professeurs de danse et mon frère Scott chiropracteur. Nous marchons tous et toutes avec une posture très droite.

Mon père organisait des compétitions annuelles de marche dans notre jardin. Je n'ai jamais entendu parler de quelqu'un d'autre organisant un tel événement. C'était un grand spécialiste du marketing ! Il invitait tous ses patients et leurs amis dans le grand jardin situé dans la cour devant sa clinique. Ma mère préparait de nombreuses tartes et les congelait.

Nous avions un énorme congélateur, de sorte qu'elle aurait pu nourrir 1 000 personnes avec ses tartes. Elle servait aussi du café et du thé. Lorsque tous les invités étaient assis dans le jardin, la compétition commençait et des certificats étaient décernés aux personnes qui avaient la meilleure posture. Elles avaient l'air assuré et heureux.

Toute ma vie, j'ai entendu des commentaires sur la manière dont je me tenais. Les gens pensent que ça vient du mannequinat, mais pas du tout. Je tiens cela de ma famille. Si vous voyez quelqu'un marcher la tête haute, ça ne vous donne pas envie de faire de même ? C'est possible, avec de l'entraînement. Si vous vous avachissez, vous aurez l'air triste et peu sûr de vous. En vous redressant lorsque vous marchez, vous aurez l'air fort et confiant. Si vous voulez paraître et vous sentir plus assurée, commencez par améliorer votre posture. Tenez-vous droite. Mettez vos épaules en arrière, adoptez un air avenant et regardez les gens quand ils vous parlent, ne détournez pas le regard. Appelez ça votre « jeu de la confiance ».

Outre la posture, les manières comptent. J'ai grandi avec des parents bien élevés qui parlaient très calmement et avaient de bonnes manières, peut-être parce qu'ils étaient canadiens. Ils étaient toujours polis et faisaient attention aux autres. L'école de mannequinat où j'ai étudié enseignait les bonnes manières. Dans ce cours, on nous apprenait comment commander au restaurant, ou encore quels couteaux et fourchettes utiliser.

Ce que j'y ai appris sur les bonnes manières à table m'a servi toute ma vie. Quand j'étais enseignante à l'école de mannequinat de Bloemfontein, en Afrique du Sud, j'avais également un cours sur les bonnes manières. Ce cours n'étant pas réservé aux mannequins, tous les parents d'élèves de l'université et des écoles environnantes m'envoyaient leurs enfants pour que je les leur apprenne.

J'ai enseigné à tous les mannequins que j'ai eus en classe d'arriver à l'heure, de parler distinctement et de ne pas être timides. Lorsque vous avez de bonnes manières, il ne fait aucun doute que vous avez plus confiance en vous. Il est évident que vous paraissez aussi plus assurée aux yeux des autres. Quand je vois une personne qui a de bonnes manières, je l'apprécie. Et il est très facile d'en avoir.

J'ai toujours voulu que mes enfants et mes petits-enfants se comportent avec dignité et politesse, qu'ils aient une belle posture et de bonnes manières. J'espère leur montrer le bon exemple, tout comme mes parents l'ont fait avec moi.

Mon fils Elon est père de cinq garçons. Quand j'ai déménagé à Los Angeles, nous nous retrouvions lors des dîners de famille. C'était le chaos pur et simple. Vous pouvez imaginer à quel point c'était bruyant quand tout le monde parlait.

J'ai annoncé : « À partir de maintenant, je vais passer une demi-heure seule avec chacun des garçons chaque semaine. » Le vendredi après-midi, je venais chez eux. Je m'asseyais avec l'un des garçons et on parlait de l'école, de ce qu'il voulait faire et de ce qui l'intéressait. Parfois, on jouait simplement à un jeu ou je lui lisais un livre.

Puis je l'emmenais à table et lui montrais comment manger de manière élégante. Comment parler poliment. Comment attendre le bon moment pour prendre la parole et ne pas crier par-dessus ses frères. « Ferme la bouche quand tu manges. Ne parle pas la bouche pleine ». Comment utiliser correctement un couteau et une fourchette. Et les garçons ont appris tout cela !

Je leur disais : « Quand tu as fini, emporte ton assiette à la cuisine mais prends aussi celle de ton père et la mienne. Et, plutôt que de raconter ta journée à papa, demande-lui comment s'est passée la sienne. »

Un jour, nous nous sommes tous réunis pour dîner et les enfants se sont bien comportés. Elon est entré, s'est assis et l'un des garçons lui a lancé : « Comment s'est passée ta journée ? » Elon a eu l'air perplexe.

Un autre de ses fils s'est exclamé : « Je voulais demander en premier ! » Et le premier a répliqué : « Non, moi je voulais demander en premier ! » C'était assez drôle.

Ensuite, ils se sont disputés pour savoir lequel ramènerait l'assiette du père à la cuisine. J'ai proposé qu'ils le fassent à tour de rôle. Aujourd'hui, des années après cet épisode, ce sont des personnes très polies et je suis vraiment fière d'eux.

Les gens sont plus réceptifs lorsque vous vous comportez correctement. Vous faites davantage impression que si vous êtes bruyant, exubérant et gesticulez dans tous les sens. Et les gens apprécient votre compagnie.

Même si vous avez naturellement beaucoup d'assurance, vous gagnerez et perdrez confiance en vous plusieurs fois au cours de votre vie. Avec un peu de chance, les périodes de perte de confiance raccourciront avec l'âge. À 70 ans, on pourrait croire que j'ai moins confiance en moi. Or, je n'ai jamais été autant assurée, le rejet ou les insultes ne m'atteignent pas. En tant que mannequin, j'ai été rejetée neuf fois sur dix. Si vous perdez confiance, vous devez en trouver la cause. Beaucoup de femmes n'ont pas confiance en elles. Elles ont l'impression qu'elles doivent être bonnes en tout, elles sont minées par les critiques d'autrui ou elles en font trop et ne peuvent pas réussir sur tous les plans. Entraînez-vous à faire ce que vous savez faire et n'essayez pas d'être la meilleure dans tous les domaines.

Enfant, j'étais douée en classe mais nulle en sport, bien que je me sois essayée à toutes sortes d'activités sportives. Ma sœur jumelle Kaye n'était pas douée à l'école mais était naturellement sportive. Nous étions fières l'une de l'autre et appréciions nos réussites respectives. Nous n'avons pas perdu confiance en nous parce que nous n'étions pas bonnes dans chacun de ces deux domaines.

Si vous avez confiance en vous d'habitude et que ce n'est plus le cas à cause d'une mauvaise journée, analysez la situation. Qu'est-ce qui vous a fait perdre votre assurance ? Quelqu'un vous a-t-il fait une remarque qui vous a blessée ? Cette personne s'en est-elle rendu compte ? Pourquoi êtes-vous si affectée par cette réflexion ?

Dans votre vie professionnelle, vous voyez parfois d'autres personnes qui sont meilleures dans certains domaines et vous aimeriez en faire autant. Vous devez approfondir vos compétences et apprendre de ceux qui sont plus expérimentés et meilleurs que vous.

Après mon divorce, j'ai repris confiance en moi en ayant un foyer et des enfants heureux, en me faisant de nouveaux amis qui me traitaient avec gentillesse, ainsi qu'en réussissant en tant que diététicienne et mannequin.

Il se peut que vous deviez procéder à un grand changement pour retrouver votre assurance perdue. On ne peut pas vivre en étant déprimée en permanence. Vous devez vous entourer de membres de votre famille, d'amis et de collègues qui vous apprécient pour ce que vous êtes. Cela vous permettra de marcher d'un pas assuré et avec confiance.

PARTIE 2

AVENTURE

La saison des jacarandas

Suivez votre propre chemin

La plupart des gens suivent la norme. Pas mon père. Il était extraordinaire. Il voulait faire le tour du monde en avion.

Mon père, Joshua Haldeman, aimait l'exploration et ne se satisfaisait pas de simples voitures. J'ai donc grandi avec un avion Bellanca qui faisait partie de la famille. Il était fait de toile, avait une hélice et s'appelait Winnie, comme ma mère.

Ma mère s'appelait Winnifred mais tout le monde l'appelait Wyn. Elle était fabuleuse et, plus je vieillis, plus je mesure à quel point.

Ses parents avaient émigré d'Angleterre et ma mère a grandi au Canada, dans la ville de Moose Jaw. La famille de mon père avait émigré à Philadelphie depuis la Suisse en 1727. Il est né dans le Minnesota et, lorsqu'il avait quatre ans,

sa famille a déménagé à Waldeck, dans la province de la Saskatchewan, pour vivre dans une ferme.

Mes parents se sont rencontrés juste après la Grande Dépression. La Dépression canadienne fut une période terrible : les gens faisaient la queue et mendiaient pour obtenir de la nourriture et des soins médicaux de base pour leurs enfants. Luttant pour leur survie, ils s'appuyaient souvent sur le système du troc. Mon père avait étudié la chiropraxie à Davenport, dans l'Iowa. Il débourrait des chevaux en échange du gîte et du couvert, et prodiguait des soins chiropratiques contre de la nourriture. Ma mère n'avait que seize ans. Elle travaillait au journal *Moose Jaw Times-Herald*. C'était l'une des seules employés qui restaient, elle avait conservé sa place uniquement parce qu'elle était la moins bien payée. Sa famille survivait grâce à son petit salaire hebdomadaire.

Durant la vingtaine, elle s'est formée pour devenir danseuse et a voyagé à Chicago, à New York et à Vancouver pour étudier la danse et l'art dramatique. Vous imaginez les longs voyages en train qu'elle a effectués, elle, une femme seule, à cette époque ? Voilà qui était audacieux !

Après la Dépression, mes parents se sont installés à Regina, en Saskatchewan, où ils ont ouvert des commerces. Mon père a ouvert un cabinet de chiropraxie et ma mère une école de danse. J'ai des articles des journaux locaux à ce sujet, ainsi que des photos d'elle en train de danser et de son école, avec tous les élèves.

Mon père y est venu un jour pour une leçon de danse de salon. Elle lui a beaucoup plu et il l'a invitée à dîner. Elle a répondu : « Je ne sors pas avec mes clients. » Il a alors annulé ses leçons et l'a à nouveau invitée à dîner. Elle a accepté.

Leur photo de mariage ne fait pas grande impression car ils n'avaient pas d'argent. Elle porte un tailleur gris simple et lui un costume. Elle confectionnait tous ses vêtements elle-même et a probablement réalisé son tailleur de mariage. Pourtant, ils étaient toujours heureux, toujours souriants, dès le début.

Mes parents ont eu quatre enfants à Regina. Mon père avait déjà un fils d'un précédent mariage, mon frère Jerry, qui lui ressemble comme deux gouttes d'eau. Ensuite sont venus mon frère aîné Scott, ma sœur aînée Lynne et, en 1948, ma jumelle Kaye et moi.

Ils ont eu le Bellanca l'année de notre naissance à toutes les deux. Le Bellanca était leur second avion. Ils avaient acheté le premier, un Luscombe, sur la route de Regina à Calgary.

Mon père avait aperçu un avion dans le champ d'un fermier avec un panneau « À vendre ». Il n'avait pas d'argent mais il possédait la voiture qu'ils conduisaient. Il a alors échangé sa voiture contre l'avion, il a mis ma mère dans un train pour rentrer à la maison et engagé un pilote pour les ramener, lui et l'avion, à Regina.

Malheureusement, mon père eut le mal de l'air, probablement à cause des dommages subis à l'oreille interne lorsqu'il débourrait des chevaux pendant la Dépression. Le pilote a dû atterrir sur les routes de temps en temps jusqu'à ce que mon père soit prêt à remonter. Mon frère Lee a déclaré que mon père n'avait jamais le mal de l'air quand il pilotait, mais qu'il se sentait mal à l'aise lorsqu'il était passager.

Il avait 44 ans à l'époque. Mon père utilisait régulièrement ses avions pour se déplacer dans la Saskatchewan et l'Alberta. Une fois, il a volé jusqu'à Los Angeles mais il a eu du mal à trouver l'aéroport à cause du nuage de pollution. Les systèmes de navigation n'étaient pas ce qu'ils sont aujourd'hui, loin de là ! Une autre fois, mes parents ont dû suivre un pilote de la brousse pour revenir à travers les Rocheuses.

J'ai volé pour la première fois à trois mois, lorsque mes parents nous ont emmenées, Kaye et moi, à une conférence dans l'Iowa avec eux. Nous avons d'abord fait escale à Edmonton. Je le sais parce qu'il y a eu des photos de nous dans les journaux locaux. On nous avait surnommées les « jumelles volantes ».

Mon père était magnifique. Il était intrépide et aventureux, et nous lui faisions entièrement confiance.

C'était un grand homme qui enseignait par l'exemple. Il travaillait de longues heures, était attentionné et gentil. C'était un doux géant qui ne parlait pas beaucoup. Mes enfants ne se souviennent pas de lui car il est décédé quand mes fils étaient bébés et que j'étais enceinte de Tosca. Quand ils sifflotent, ils me rappellent mon père, qui fredonnait tout le temps. Cela me rend heureuse, car j'ai toujours eu la conviction qu'on sifflotait ou fredonnait uniquement lorsqu'on était heureux.

En 1950, mes parents ont décidé de quitter le Canada. Ils avaient rencontré des missionnaires qui s'étaient rendus en Afrique du Sud et leur avaient dit combien ce pays était beau. Ils ont donc préparé l'avion, leur Cadillac 1948, les affaires de toute la famille et nous sommes partis pendant deux mois sur un cargo, direction l'Afrique. Je ne sais pas comment ma mère s'est débrouillée sur le bateau avec des jumelles de deux ans ainsi que deux autres enfants de six et huit ans. Mais elle y est arrivée.

Mon père a enlevé les ailes de l'avion – il faisait toujours lui-même ce genre de travaux –, l'a mis dans des caisses et expédié au Cap. Nous avons tous campé à l'aéroport pendant qu'il remontait les ailes afin de partir voler et explorer. Le bois des caisses a été transformé en meubles pour la clinique qu'il a ouverte quand nous nous sommes installés. Certaines des bibliothèques fabriquées ainsi ont duré des décennies.

Mon père voulait vivre dans les terres, alors, on nous a suggéré de nous rendre à Johannesburg parce qu'on y parlait anglais. À Pretoria, tout près, on ne parlait qu'afrikaans et il aurait été beaucoup plus difficile de s'installer.

Mais, lorsque nous avons survolé Pretoria, c'était la saison des jacarandas et la ville était couverte de fleurs de lilas.

Il n'avait jamais rien vu d'aussi beau et il a déclaré : « C'est ici qu'on va s'installer ».

C'est donc à Pretoria que nous avons grandi, dans une maison avec de grands arbres (une végétation rare dans les prairies de la Saskatchewan). Les gens étaient chaleureux. Les Afrikaners appelaient tous les adultes « Oom » et « Tannie » (« oncle » et « tante »), que vous les connaissiez bien ou non. Nous trouvions cela mignon.

Au Canada, on prenait mes parents pour des fous parce qu'ils se déplaçaient dans leur avion de toile à une hélice avec leurs jeunes enfants, du jamais vu. Une fois arrivés en Afrique du Sud, on nous a trouvés encore plus fous. Une personne nous a appelés les « Américains fous » (Nous étions canadiens, mais c'était la même chose pour eux).

Les gens nous trouvaient bizarres parce que nous faisions les choses à notre manière. Ce n'était pas seulement parce que nous venions d'ailleurs : déjà, au Canada, nous procédions comme nous l'entendions. Nous étions différents à cause de nos voyages et de nos uniformes scolaires confectionnés par notre mère alors que les autres enfants en achetaient. Nous buvions du café et pas du thé. La porte arrière de la maison était toujours ouverte pour quiconque venant nous voir tandis que les parents des autres enfants organisaient leurs visites. Et nous avions des sandwichs de pain complet pour nos déjeuners à l'école, alors que tout le monde avait des sandwichs de pain blanc. On ne nous donnait jamais d'argent pour la cantine. Je rêvais de petits pains aux saucisses et de *cornish pasties* (des petites tourtes salées), mais j'en mangeais rarement parce que je ne voulais pas dépenser mon argent de poche pour cela. Nous avions aussi une Cadillac, la seule Cadillac importée à l'exception de celle de l'ami de mon père, qui avait décidé aussi d'en importer une également. Et nous possédions un avion. Je ne connaissais personne d'autre dans ce cas, à part cet ami de mon père.

Mon père n'était pas du genre à faire comme les autres. Quand il ressentait l'envie de faire quelque chose, il le faisait. Tout comme ma mère, qui avait bâti sa propre carrière et tracé sa propre voie avant même de le rencontrer.

Quand j'avais cinq ans, ils ont voyagé en avion de Pretoria à Oslo pour une conférence sur la chiropraxie. Ils sont passés par l'Afrique, l'Espagne et la France. Ils ont également fait escale à Londres pour que mon père puisse rendre visite à des chiropracteurs qu'il connaissait là-bas.

Quand j'avais six ans, ils ont commencé à planifier un voyage en Australie, soit un trajet aller-retour de plus de 48 000 kilomètres car, bien sûr, ils prenaient l'avion pour rentrer. C'était normal pour eux, mais pas pour nos voisins. En plus de ne pas être normaux, ils devaient se diriger à la boussole car il n'y avait pas de GPS ni de radio. Leurs voyages demandaient beaucoup de planification et ils les prévoyaient toujours à l'avance. Ils savaient que les choses pouvaient mal tourner et voulaient être prêts à y faire face. Sans GPS, il fallait étudier les cartes très attentivement. Sans radio, il fallait être prêt à ne compter que sur soi-même. Un voyage sur une telle distance nécessite beaucoup de carburant. Ils ont donc retiré les sièges arrière de l'avion pour y placer des bidons d'essence, en vue de la traversée de la mer vers l'Australie. Ils ont emporté les outils dont ils pourraient avoir besoin pour réparer tout ce qui pouvait l'être. Mon père savait comment réparer son propre avion.

Mes parents ont survécu à ces voyages en étant très prudents. En avion, ils vérifiaient la météo, utilisaient une boussole, s'orientaient selon une carte, puis survolaient une ville à basse altitude pour lire les panneaux et vérifier que c'était là le bon endroit où atterrir. Parfois, ils atterrissaient sur un terrain de sport ou dans une rue car il n'y avait pas d'aéroport. Ils étaient plus courageux que moi. Maintenant que je réalise tout ce qu'ils ont fait, je suis surprise qu'ils aient survécu.

Avoir un plan ne signifie pas que tout ira bien. Cela signifie que si les choses tournent mal, vous élaborerez un autre plan.

Leur voyage les a conduits le long de la côte africaine, à travers l'Asie, au-dessus de l'océan Pacifique, puis la même chose en sens inverse. Nous avons toujours les cartes qui montrent l'itinéraire qu'ils ont emprunté. Rien que mon père, ma mère et Winnie, survolant le Pacifique pour explorer le monde.

À cette époque, ils avaient déjà visité soixante pays. Chaque fois qu'ils s'arrêtaient quelque part, c'était peint sur une aile.

Même si nous étions enfants, nous devions nous prendre en charge, ce qui était inhabituel, y compris à cette époque.

À tout juste quatre ans, ma sœur jumelle et moi allions à l'école à pied en nous tenant la main. Nous marchions avec notre sœur aînée, Lynne, qui avait sept ans, et qui nous aidait à traverser trois routes sur 800 mètres environ. Notre école maternelle était à environ trois cents mètres après son école, alors Kaye et moi faisions la dernière partie du chemin seules. Puis nous retournions à l'école de Lynne, nous l'attendions et elle nous raccompagnait à la maison.

Nos parents voulaient que nous soyons autonomes.

Mon frère Scott se souvient d'un voyage avec mes parents au cours duquel ils ont traversé l'Afrique centrale, l'Ouganda, le Kenya, Zanzibar et Nairobi. Scott raconte qu'à Zanzibar et à Nairobi, il était autorisé à parcourir les rues seul. Comme il le dit lui-même, cela serait aujourd'hui considéré comme de la négligence ! Mais pour nous, c'était tout à fait normal.

À chaque voyage, nous devions être débrouillards. La première fois que je suis montée à cheval, nous étions dans ce qu'on appelle aujourd'hui le Lesotho. C'est une région très montagneuse. Le voyage s'étendait sur près de 100 kilomètres et devait durer quelques jours. Lee, mon plus jeune frère, né à Pretoria, avait seulement cinq ans et restait derrière ma mère. Scott avait 17 ans.

Nous passions de longues journées en selle et ce voyage fut assez difficile, avec une météo humide. Nous n'avons pas allumé le moindre feu et nous n'avons mangé que des conserves et du pain. Le sommeil était de courte durée car la nuit, le bétail essayait de nous lécher le visage ou de voler nos couvertures.

C'est peut-être pour cela que cela ne m'a jamais dérangé de partager un petit appartement avec mes enfants. Un canapé-lit n'est pas le couchage le plus confortable qui soit mais il est facile d'y passer une bonne nuit de sommeil, sans un bœuf qui essaie de lécher le sel de la transpiration sur vos joues.

Vous ne devez pas toujours faire ce que l'on attend de vous. Vous pouvez suivre votre propre chemin. J'ai appris cette leçon quand j'étais enfant et je m'en suis servie à l'âge adulte. Après avoir obtenu mon diplôme de diététicienne et être tombée enceinte, je ne pouvais pas chercher d'emploi, j'ai donc ouvert un cabinet privé. Mes collègues voyaient cela d'un mauvais œil car ils estimaient que je devais travailler au moins cinq ans à l'hôpital avant de fonder mon propre cabinet. Je n'en avais pas la possibilité et j'aimais aider les gens à mieux se nourrir. J'ai ainsi pu voyager dans le monde entier et exercer à chaque fois mon activité de diététicienne. Déménager est un enfer mais je suis toujours prête à essayer quelque chose qui pourrait être amusant ou stimulant.

Si vous faites la même chose tous les jours de votre vie, que vous occupez le même emploi, que vous vivez au même endroit et que vous êtes heureuse ainsi, il n'y a pas de nécessité de changer cette situation.

Si vous êtes fébrile ou malheureuse et que vous voulez du changement, commencez par chercher ce que vous pourriez faire, où vous pourriez vivre et quel travail vous apporterait le plus de satisfaction. Découvrir de nouveaux endroits et rencontrer de nouvelles personnes peut vous ouvrir l'esprit et vous rendre plus heureuse.

Mon père disait toujours : « il n'y a rien qu'un Haldeman ne puisse faire. » Et c'est ce que j'ai toujours cru, tout comme mes frères et mes sœurs. J'ai probablement transmis cela à mes propres enfants. Maintenant, il n'y a rien qu'un Musk ne puisse faire.

Exploration

Prévoyez ce qui peut l'être
et soyez prête à faire face à l'inattendu

Chaque année, en juillet, c'est-à-dire l'hiver en Afrique du Sud, ma famille partait à la recherche de la cité perdue du Kalahari. À l'époque, le Botswana s'appelait le Bechuanaland. Parfois, mon père prenait l'avion et ma mère conduisait la voiture. D'autres fois, nous y allions tous en camion et passions trois semaines à traverser le désert du Kalahari avec une boussole. Ma mère remplissait le camion avec trois semaines de réserves de nourriture, d'eau et d'essence... et cinq enfants.

Mon père avait eu l'idée de chercher cette cité perdue en lisant un livre écrit par Guillermo Farini, un Canadien qui avait traversé ce désert à la fin du XIXe siècle dans un chariot à bœufs. Cet homme racontait qu'il avait trouvé les ruines d'une cité perdue. Guillermo Farini étant également connu pour avoir traversé les chutes du Niagara sur une corde raide, il était visiblement toujours partant pour l'aventure.

Mon père voulait suivre son chemin en camion et cette quête remplissait nos vacances de juillet. Souvent, je me demande : « tu t'imagines emmener cinq jeunes enfants dans le désert pendant trois semaines ? » Évidemment, ma mère n'était pas obligée d'y aller. Elle avait le choix et elle aurait pu rester à la maison avec nous. Mais il allait le faire et elle ne voulait pas laisser mon père seul, alors nous y sommes allés tous ensemble.

Je n'ai jamais eu peur lors de nos voyages dans le désert car mon père et ma mère étaient aux commandes. Quand on m'a dit qu'une hyène pouvait me mordre le visage, j'ai simplement fermé mon sac de couchage pour qu'elle n'en ait pas l'occasion. Je ne pensais pas que quelque chose pourrait mal tourner. Peut-être que mes parents discutaient de notre sécurité car ils étaient toujours préparés. On aurait dit qu'ils orga-

nisaient absolument tout. Je n'avais pas à faire mes bagages, ma mère s'en occupait. En y repensant, elle devait tout gérer : les vêtements, la nourriture et l'eau pour nous cinq. Mon père, lui, se chargeait des cartes, de la boussole, de l'essence et des outils pour réparer notre véhicule. Assez extraordinaires, tous les deux.

Tout était prévu. Nous devions emporter une réserve d'eau pour trois semaines ainsi que des légumes et des fruits en conserve. On avait des aliments frais la première semaine mais guère plus longtemps. Par la suite, c'était bien sûr impossible de s'en procurer.

C'est là que notre devise familiale, « Vivre dangereusement. Prudemment », a été mise à l'épreuve. Les choses pouvant mal tourner, il faut anticiper les problèmes potentiels et s'organiser en conséquence.

Nous savions qu'il était possible de se perdre dans le désert. Les pierres tombales des gens morts sonnaient comme un avertissement. Mon père engageait parfois des guides qui traduisaient pour nous mais, il y avait tellement de tribus qui parlaient toutes des langues différentes, que nous nous déplacions généralement seuls. Des patrouilles à dos de chameaux travaillaient avec le gouvernement du Bechuanaland car le Botswana était contrôlé par les Britanniques. Mes parents prévoyaient de commencer le trajet dans une petite ville et de le finir dans une autre. Ces patrouilles savaient que nous étions là et quand s'attendre à nous voir. Ils étaient toujours prêts à venir nous chercher si nous n'atteignions pas notre point d'arrivée au bout de trois semaines.

Mon père savait que nous pouvions être coincés dans le sable, alors, il emportait des pelles. Quand nous nous retrouvions bloqués, nous nous en extirpions nous-mêmes. Pour éviter les nids de poule dans la brousse, nous, les enfants, courions devant la voiture pour nous assurer qu'il n'y avait ni trous ni souches, car il n'y avait pas de route. Et nous avions avec nous des outils pour que mon père puisse parer à n'importe quel problème avec le camion. Comme un fer à souder. Le jour où notre véhicule a heurté une souche, mon père et Scott, mon frère aîné, ont fait du feu pour chauffer le fer et ils ont réparé le véhicule avant de poursuivre le voyage.

Des choses se sont cassées mais nous n'avons jamais paniqué : on les a réparées et on a continué. Dans la vie, on craint bien des choses qui n'arrivent finalement pas. Lorsque de mauvaises choses se produisent, il faut trouver une solution. Une fois, de l'essence s'est retrouvée dans l'eau potable et nous l'avons bue malgré tout, car il n'y avait pas d'alternative. Nous avons acheté de l'eau potable dès que possible, et c'est tout.

Chaque jour, nous nous levions à l'aube, nous faisions nos bagages et nous roulions jusqu'à la tombée de la nuit, puis nous établissions un camp. Nous avions une tente qui abritait les réserves de nourriture.

Nous avions tous des corvées à effectuer. Kaye et moi ramassions du bois sec tandis que mon frère faisait du feu. Ma mère mélangeait de l'eau, des œufs en poudre, du lait en poudre, de la farine ainsi que de la levure chimique et elle cuisait des scones pour nous dans une grande marmite en fer. Au beau milieu du désert, nous mangions des scones encore chauds, fraîchement préparés. Vous imaginez la planification nécessaire pour que ce soit possible ? En tant qu'adulte, je pense à tout le travail exécuté à l'avance par ma mère pour que nous profitions pleinement de ces moments.

Mon père avait une licence l'autorisant à abattre un animal par semaine pour nous nourrir. On tuait un daim ou une pintade et, quand on avait assez de nourriture, on donnait le reste à la tribu que nous croisions. Par ailleurs, nous avons tous appris à tirer dans le désert et ma mère était excellente.

Tout ce dont nous avions besoin, nous l'emportions avec nous. Kaye et moi avions un bol d'eau pour nous laver le soir et le matin. Dans le désert, il faisait si froid la nuit que l'eau gelait. Le matin, nous devions briser la glace pour nous laver les mains et le visage.

Nous avons appris à vivre sans le confort d'une maison. Quand c'est une nécessité, vous le faites.

Nous allions aux toilettes derrière les buissons et nous ne prenions pas de douche. Ce n'était pas grave car nous étions dans le désert et le sable, ce qui n'est pas sale. Pendant que nos parents planifiaient la prochaine étape, nous lisions beaucoup. J'ai des photos de nous tous le nez dans nos livres.

J'ai appris que je n'avais pas besoin de confort. On peut se contenter de très peu.

C'est là que j'ai su qu'il est toujours possible de réduire les dépenses, de ne pas s'endetter, de ne pas envier les gens qui vivent dans le luxe, de faire de son mieux, de s'efforcer de survivre et, espérons-le, de réussir.

Un hiver, nous avions un guide nommé Hendrik. Hendrik dormait près du feu, qui, selon lui, était l'endroit le plus sûr : aucun animal ne s'en approcherait.

Mais, un soir, mon père a allumé la lampe à paraffine sur la table et a vu un lion tout près, dans le camp. Il a lentement reculé jusqu'à la tente et dit : « Wyn, un lion. Passe-moi ma torche et mon fusil. » (Il disait toujours « torche » et pas « lampe de poche ». Nous avons dû utiliser ce mot autrement quand nous sommes arrivés au Canada).

Le lion s'est dirigé vers Hendrik, qui était près du feu. L'animal ne connaissait pas les règles : il ne savait pas qu'il n'était pas censé s'en approcher !

Mon père a crié : « Hendrik, un lion ! »

Hendrik a sauté de sa couverture et bondi par-dessus le feu en criant « Voetsek ! », ce qui signifie « Va-t'en ! » Le lion s'est éloigné lentement du camp tandis que mon père a tiré deux fois au-dessus de sa tête, sans que cela le fasse réagir. Un autre lion attendait à l'extérieur du camp. Mon père est monté dans le camion pour les chasser, puis les lions ont remonté la dune à côté du camp et passé la matinée à nous observer.

Mon frère Lee se souvient qu'on l'a envoyé dormir dans la voiture. Étant le plus jeune, il était le « mets » le plus savoureux et nous devions assurer sa sécurité.

Mon père n'a pas semblé pas effrayé. S'il l'a été, nous ne l'avons pas perçu. Son attitude nous faisait nous sentir en sécurité.

Nous avons vu beaucoup d'animaux et d'insectes lors de ces voyages : springboks, gnous, lézards, fourmis, vautours et autres oiseaux de proie. Une fois, un scorpion a piqué ma mère et nous avons dû utiliser un garrot puis aspirer le sang. Une autre fois, une autruche a poursuivi Lynne. On a trouvé ça drôle. Et, bien sûr, il y avait les hyènes. On en avait peur car elles sont assez vicieuses.

Je me souviens du matin où Scott et moi nous promenions le long de la rivière Okavango, et où il a abattu une pintade pour le repas. L'oiseau est tombé dans la rivière et Scott m'a envoyée le chercher à la nage. En sortant de l'eau, je me suis retrouvée sur quelque chose qui bougeait. C'était un crocodile ! Nous ne savions pas que cette rivière en était pleine. Cette histoire est surprenante mais je suis toujours là, alors, tout est bien qui finit bien.

Je sais que mon père voulait trouver cette cité perdue mais nous n'y sommes jamais parvenus. Il y est retourné douze fois.

J'étais présente à huit de ces voyages. Je n'ai pas été déçue que nous ne l'ayons pas trouvée parce que mes parents ne le semblaient pas non plus. Nous avons vécu de nombreuses aventures et nous nous sommes amusés tous ensemble.

Vous pouvez viser un objectif mais, si ça ne marche pas, ce n'est pas grave.

Je pense que mon père aimait simplement explorer l'inconnu, découvrir de nouvelles cultures et régions. Lui et ma mère n'ont jamais cessé d'apprendre. Il aimait se frayer un chemin dans la brousse et tracer ses propres routes dans le désert. Il suivait toujours sa boussole. Nous ne nous sommes jamais perdus. Nous sommes toujours arrivés là où il voulait qu'on arrive.

Pourquoi pas ?

Dites oui aux opportunités

J'avais un plan de carrière : faire des études scientifiques. J'ai envisagé la médecine, la microbiologie ou la biochimie.

Mon père m'a encouragée à décrocher un diplôme en quatre ans qui me permettrait d'obtenir un travail. J'ai décidé d'étudier la diététique.

En troisième année, un de mes camarades m'a dit : « Je vais t'inscrire comme Reine du Vaal. » J'ai répondu : « Qu'est-ce que c'est ? » Je n'en savais guère plus. Il m'a expliqué que c'était un concours de beauté. Or je n'avais jamais participé à ce genre de chose. Je lui ai dit que j'étais une intello, pas une reine de beauté.

Pour rire, il m'a quand même proposé de participer et j'ai été retenue. Je ne savais pas trop si je devais le faire ou non car ce n'était pas mon genre. J'ai quand même dit oui. Pourquoi pas, après tout ? Ça n'avait aucune importance, au fond.

Je pensais que ça allait être un après-midi gênant dont je ne me souviendrais probablement jamais. Or ça a changé ma vie.

Je suis vraiment heureuse d'avoir participé à ce concours de beauté. Il m'a permis d'intégrer une agence de mannequinat plus professionnelle à Johannesburg. À ma grande surprise, c'est devenu une seconde carrière pour moi.

Avant d'arriver dans le bâtiment où se déroulait le concours, je n'avais aucune idée du sérieux avec lequel certaines femmes abordent ce type d'événement. Je n'étais qu'une étudiante. Je n'avais pas l'expérience nécessaire pour savoir que, lors d'un concours, vous êtes censée investir du temps et de l'argent si vous voulez remporter la couronne. Les autres participantes étaient magnifiques. Elles avaient évidemment été coiffées et leur maquillage était très professionnel. Tout comme leurs maillots de bain.

Je portais mon propre maillot de bain et je m'étais coiffée et maquillée moi-même. Toute ma famille est venue, ce qui m'a surprise. Elle ne se déplaçait habituellement pas pour ce genre d'événement mais là, si.

Dans les coulisses, on nous a donné des numéros. « Je ne veux pas être la première », s'est plainte la fille qui avait reçu le numéro un.

J'ai dit : « Je vais y aller. » Je n'avais pas peur.

Pas parce que j'étais confiante mais parce que je me fichais de défiler à cette occasion. Je pensais à mes examens et mon petit ami venait de me tromper. C'était plus important. On a toutes défilé. À la fin, Kaye pleurait et m'a affirmé : « Tu étais la meilleure ».

J'ai répliqué : « Évidemment ». Mais j'ai gagné ! J'étais ravie. Certaines participantes étaient contrariées car elles comptaient sur cette victoire pour promouvoir leur carrière de mannequin.

J'étais heureuse mais voyais cette expérience comme un simple divertissement. Le prix incluait 100 rands (environ 150 dollars), un contrat avec une agence de mannequinat de Johannesburg et les frais d'inscription à un cours de mannequinat dans la même ville.

Ils m'ont aussi donné dix tickets de bowling.

Après avoir gagné et fait toutes les photos, il n'y a pas eu de fête, chacun partait chez soi. Alors ma famille est allée jouer au bowling avec mes tickets. C'était agréable. Je n'avais pas imaginé ça. Je ne pouvais pas non plus prévoir que ce cours de mannequinat me conduirait à des shootings à Johannesburg, qui n'est qu'à une cinquantaine de kilomètres de Pretoria. Johannesburg était le siège du mannequinat. J'ai commencé à m'y rendre avec la voiture de ma sœur. C'est là que j'ai vraiment appris la technique du mannequinat et comment me comporter de manière professionnelle.

Embrasser le mannequinat et poursuivre mes études étaient deux activités complètement distinctes. Pendant la majeure partie de ma vie, j'ai étudié la nutrition et eu ma propre affaire en tant que diététicienne. Je n'ai jamais dépendu du mannequinat pour mes revenus. Être mannequin était un bonus, je l'ai fait parce que c'était amusant, que je restais dans le monde de la mode et rencontrais des gens très créatifs.

Le mannequinat m'a apporté beaucoup de bonnes choses. Il m'a offert des collègues et des amis totalement différents, que je n'aurais pas connus si j'étais été seulement diététicienne en compagnie de scientifiques. De plus, le mannequinat m'a permis d'explorer le monde et toutes sortes de villes car les castings peuvent avoir lieu n'importe où et les shootings se dérouler dans des endroits aussi bien épouvantables que fabuleux.

Maintenant, je ne réfléchis plus autant avant de dire oui. J'accepte si je suis curieuse, si cela peut être intéressant, amusant ou améliorer ma situation.

Si vous aussi souhaitez procéder à des changements, vous devez dire : « Pourquoi pas ? » À l'époque, ce concours de mannequinat me semblait un petit « Pourquoi pas ? »

Parfois, ces simples mots peuvent constituer le point de départ de changements de vie, même très importants.

À 37 ans, Tosca a décidé qu'il était temps pour elle d'avoir des enfants. Concentrée sur sa vie et sa carrière, cette idée avait toujours été mise en veilleuse. Bien qu'elle sente que ses chances d'en avoir s'amenuisaient de jour en jour, elle refusait d'avoir une relation dans le seul but de devenir mère. Elle nous a annoncé qu'elle voulait faire une FIV et avoir des enfants toute seule. Notre famille l'a soutenue dans son idée.

Certaines personnes ont évidemment tenté de la décourager. Que ce serait trop difficile, que ce n'était pas le bon choix, que cela nuirait à sa carrière ou que ce serait mauvais pour les enfants. Ces personnes avaient simplement peur pour elles-mêmes.

Ne prenez pas vos décisions en fonction de l'avis de personnes qui n'ont aucune affinité avec vous.

Bien sûr, avoir des enfants est un grand changement dans la vie, quelle que soit votre situation. Je me souviens avoir dit à Tosca : « Vas-y ! Je t'aiderai à choisir le donneur ! » Je lui ai aussi assuré que ce serait plus facile sans l'intervention d'un homme, ce qu'elle approuve encore aujourd'hui. J'étais avec elle à chacun de ses tests (ils furent nombreux) et à chacune de ses déceptions (parfois déchirantes). Ce fut difficile.

Tosca devait rester couchée pendant quatre jours après l'implantation des ovules mais aussi déménager cette semaine-là. J'ai pris l'avion depuis New York. Pendant qu'elle regardait *À la maison blanche* sur le canapé, j'ai trié toutes ses affaires et rempli douze grands sacs pour des friperies ou la poubelle. Le jour de son 38e anniversaire, elle a découvert que les deux embryons étaient bien implantés et qu'elle était enceinte. La grossesse ne fut pas facile non plus mais elle l'est rarement. Maintenant, elle a deux beaux enfants qui illuminent nos vies (et nous mettent au défi) quotidiennement. Toutes les femmes qui ont recours à la FIV méritent d'être applaudies. C'est un moment rude mais il en vaut la peine.

Tosca affirme que c'est la meilleure décision qu'elle ait prise dans sa vie. Ses enfants la renforcent et sont une source d'amour inconditionnel. Elle dit qu'ils lui font regarder le monde d'une manière complètement différente : comment améliorer les choses pour eux ? Que faire pour les aider ? Cela la rend humble et l'inspire.

Ce n'est pas évident sur un plan professionnel car elle voyage dans le monde entier pour faire des films. Mais ils ont la chance d'être ensemble pour découvrir et apprécier de nouveaux endroits. Et puis, je peux les garder.

Quelle que soit l'opportunité, il y aura toujours quelqu'un pour répondre à la question « Pourquoi pas ? » si vous ne le faites pas. Mais pensez à ce qui peut vous rendre heureuse. Continuez à ouvrir les portes de votre vie. Vous ne pouvez pas savoir avant d'avoir essayé.

Une femme avec un plan

Prenez votre vie en main et aspirez au bonheur

Grandir dans notre famille signifiait être toujours entouré de gentillesse et de considération. En commençant à évoluer dans le monde, nous avons été confrontés à la réalité. Mes frères, mes sœurs et moi en plaisantons, disant que ce n'est qu'après avoir quitté la maison que nous avons appris à quel point les gens peuvent être horribles ! Moi qui croyais que chaque personne avait de la bonté en elle, j'en ai souffert. Il m'a malheureusement fallu beaucoup de temps pour apprendre à me protéger.

Je suis allée à l'université à Pretoria, où habitait ma famille. J'ai grandi avec des parents nord-américains et nous parlions anglais à la maison. Or, le diplôme de diététique que je voulais obtenir n'était proposé que dans une université afrikaans. Les cours et tout le reste étaient en afrikaans. À cause de cette différence linguistique, je devais travailler plus dur que les autres pour suivre le rythme. Cela ne m'a pas aidée non plus à me faire des amis.

Néanmoins, j'avais un petit ami par périodes depuis mes 16 ans. Il était bon en maths et en sciences, meilleur que moi, et je ne connaissais pas beaucoup de garçons comme lui. Il n'arrêtait pas de dire qu'il voulait m'épouser.

Quand j'ai découvert qu'il me trompait avec une autre, j'étais tellement bouleversée que je ne pouvais plus manger. J'ai pleuré pendant une semaine et perdu cinq kilos à cause du chagrin. C'est à ce moment-là que j'ai participé au concours de beauté du Vaal, qui m'a permis de suivre une formation professionnelle de mannequin, d'obtenir un contrat et donné une tout autre vie en dehors de l'école. Je suis allée à Johannesburg, j'ai exercé mon activité de mannequin et j'ai bien réussi. Je suis devenue Miss LM Radio, station de radio la plus cool de la région avec le top 20 du hit-parade.

Finaliste au concours de Miss Afrique du Sud, je me suis dit que si je gagnais, j'arrêterais l'université car j'en avais vraiment assez d'étudier en afrikaans. Pendant ma dernière année à l'université, le stress était permanent. Je n'avais pas réalisé à quel point il serait difficile d'étudier la physique et la chimie dans une langue qui n'était pas la mienne. Pour me sentir mieux, je mangeais. Et j'ai tellement mangé qu'au moment de passer mon diplôme, je pesais plus de 90 kilos ! Je n'ai pas gagné Miss Afrique du Sud. Heureusement.

J'ai commencé à passer des entretiens d'embauche. Pour tous les jobs qui m'intéressaient, j'étais soit surqualifiée, soit sous-qualifiée. Lors d'un entretien à un poste pour lequel je ne convenais pas, on m'a présentée à quelqu'un qui avait une entreprise alimentaire au Cap et cherchait un expert en nutrition. J'ai accepté le poste et j'ai déménagé. J'avais 21 ans.

Mon petit ami par intermittence, que je n'avais pas vu depuis un an, est venu me rendre visite avec une bague de fiançailles. Il m'a dit qu'il était amoureux de moi et qu'il me traiterait bien désormais. Qu'il changerait si je l'épousais.

J'ai refusé et dit que je ne porterais jamais cette bague.

Il est rentré à Pretoria et a annoncé à mes parents que j'avais accepté de l'épouser. Ils ont été très surpris, ne sachant pas que nous étions ensemble. Et, en effet, ce n'était pas le cas.

Là où vivait ma famille, Kaye et son petit ami sortaient ensemble depuis longtemps et étaient prêts à se marier. Mon père a suggéré d'organiser un double mariage. Tout le monde a trouvé que c'était une idée fabuleuse ! Ils ont planifié la cérémonie, imprimé et envoyé les invitations. Les cadeaux ont commencé à arriver.

J'ai appris tout ça dans un télégramme qui disait : « Félicitations ! » C'est là que j'ai découvert que j'étais fiancée ! J'étais sous le choc. Ce télégramme indiquait également que je devais quitter mon travail et rentrer à la maison, le mariage ayant lieu un mois plus tard.

Cela peut sembler étrange à nos oreilles modernes mais nous étions en 1970, en Afrique du Sud. Il n'y avait pas d'appels téléphoniques longue distance, ils coûtaient trop cher. On envoyait des télégrammes ou on se rendait visite en personne. Les hommes allaient souvent voir le père de leur petite amie pour lui demander sa main. Pour le mien, rien de tout cela ne sonnait faux : on lui avait dit que j'avais accepté d'épouser cet homme.

Ce dernier avait vraiment bien choisi son moment : je me sentais seule, je m'étais fait mal au dos et je souffrais. Je n'avais aucune confiance en moi à cause de tout le poids que j'avais pris. Je détestais mon apparence et pensais qu'aucun homme ne voudrait sortir avec moi. J'ai fait ce que ce télégramme m'ordonnait. J'ai quitté mon emploi, j'ai fait mes valises et je suis rentrée à la maison.

À Pretoria, j'ai constaté que mon petit ami n'avait pas changé et qu'il était toujours aussi agressif. Je ne savais pas quoi faire pour le mariage. Nous étions une famille unie mais nous ne parlions pas beaucoup de nos sentiments. Tout autour de moi, les gens se préparaient pour la cérémonie. Ma sœur aînée Lynne me confectionnait une robe de mariée avec beaucoup de mousseline pour dissimuler ma silhouette. D'ici quelques semaines, 800 personnes allaient arriver : tous les amis de mes parents, les amis de ma sœur jumelle, les amis de son mari, mes amis et ceux de mon fiancé. Je ne voyais pas d'issue à ce mariage. Dans ma tête, il n'y avait aucune échappatoire.

Ce fut donc un double mariage. Kaye et son mari étaient tellement heureux ! Le mien était simplement furieux que leur bonheur l'ait éclipsé.

Sont alors arrivées les années où ma vie fut un enfer. Ce n'est pas une période dont j'aime parler car elle est très douloureuse. Elle me met en colère, me rend amère et ce n'est pas la personne que je veux être. Après avoir évoqué ces années, je me tourne et me retourne dans mon lit la nuit, incapable de trouver le sommeil. Pourtant, il serait faux de prétendre que la vie est facile. Ce n'est certainement pas le cas. Elle peut être brutale et implacable. Quand elle l'est, vous devez lui échapper. S'il vous plaît, faites-le aussi vite que vous le pouvez.

J'ai été blessée par des hommes, j'ai traversé des périodes creuses et j'ai perdu ma confiance en moi à plusieurs reprises. À chaque fois, je ne voyais pas d'issue. Pourtant, j'ai invariablement trouvé un moyen de traverser ces sombres passages. Ce n'est pas que je sois particulièrement féroce. On m'a parfois décrite ainsi mais je ne crois pas l'être. Je pense que je suis forte, même si je ne me suis pas sentie solide à de multiples occasions. Il m'a fallu du temps pour m'en sortir mais j'y suis arrivée. Je vous raconte cette histoire, qui n'est pas aussi compliquée que celle d'autres femmes, afin que vous sachiez que vous pouvez vous sortir des mauvaises passes. Je vous l'offre pour vous montrer que, vous aussi, vous pouvez trouver l'inspiration et la confiance nécessaires pour changer et vous bâtir une vie plus heureuse. Nous méritons toutes et tous une vie heureuse.

J'ai tout de suite compris que mon rôle d'épouse était de tout faire. La nuit de notre mariage, nous avons pris l'avion en direction de l'Europe, grâce à mes économies. Nous avons pris un vol très bon marché et sommes restés chez son cousin à Genève pour économiser de l'argent. À cette époque, on pouvait voyager en Europe avec cinq dollars par jour et c'était notre objectif.

Je devais défaire tous les bagages et les refaire. Je devais cuisiner pour lui et faire le ménage pendant qu'il était assis à lire *Playboy*. Ce magazine était interdit en Afrique du Sud et il était content qu'il ne le soit pas en Europe.

C'est pendant notre lune de miel qu'il m'a frappée pour la première fois. J'étais sous le choc quand les coups ont commencé. J'ai voulu partir mais je n'ai pas pu car il avait mon passeport.

En rentrant, j'ai envisagé d'aller voir ma famille pour leur dire : « Vous aviez raison. C'est un monstre ». Mais j'avais trop honte. Peu après, j'ai commencé à avoir des nausées matinales et j'ai réalisé que j'étais enceinte. Le bébé avait été conçu le deuxième jour de notre lune de miel. Il était évident qu'épouser cet homme avait été une erreur mais maintenant, il n'y avait plus de retour en arrière possible.

Il était cruel d'une manière insensée. Juste avant d'avoir Elon, il repeignait son avion et je l'aidais. Chaque fois que j'avais des contractions, je ralentissais le rythme. Il me lançait alors : « Pas besoin d'aller plus lentement quand tu as des contractions ! »

Il a refusé de m'emmener à l'hôpital tant que les contractions n'avaient pas atteint une fréquence de cinq minutes. Il me jetait : « Tu es paresseuse et faible ».

À l'hôpital, j'allais accoucher par voie naturelle et je souffrais beaucoup. L'infirmière a conseillé à mon mari : « Massez-lui le dos. Elle se sentira mieux. » Il a répliqué : « Qu'est-ce que vous voulez dire ? C'est elle qui devrait me masser le dos. Regardez le tabouret que vous m'avez donné pour m'asseoir ! Je m'en vais. Appelez-moi cinq minutes avant qu'elle n'accouche. »

Voilà le genre d'homme qu'il était.

J'étais très occupée au début de la vingtaine. Le matin, je travaillais pour mon mari. Je tapais ses spécifications techniques à la machine et m'occupais de sa comptabilité. J'avais un petit cabinet privé de diététique dans notre appartement.

J'ai eu Kimbal et Tosca, soit trois naissances en trois ans et trois semaines. En plus des enfants, je devais m'occuper de la maison, de la cuisine et du ménage.

Mes parents nous ont permis de construire une maison sur un terrain juste à côté du leur et c'est ce que nous avons fait. J'avais acheté un petit camion avec mes économies, je l'ai rempli de briques, de ciment et de bois, puis j'ai roulé une heure jusqu'au terrain.

Les enfants tanguaient sur le siège à côté de moi. Nous n'avions pas de ceintures de sécurité à l'époque. Le maçon de mon père nous a aidés à construire cette maison.

Je me souviens avoir été à un stade avancé de ma grossesse pendant que je carrelais les murs de la salle de bain.

Une fois la maison terminée, nous y restions les week-ends.

J'étais enceinte de Tosca quand mon père est mort dans un accident d'avion. Il volait avec le mari de Kaye, mon beau-frère, et aucun des deux n'a survécu.

Mon mari a voulu savoir combien sa mort allait nous rapporter. J'ai répondu : « Je ne pense pas que nous recevions quoi que ce soit. Je crois que tout revient à ma mère. »

Il a répliqué : « Ce n'est pas juste. Je ne t'ai pas épousée pour que ce soit ta mère qui récupère l'argent ! »

Entre-temps, ma mère nous avait donné l'avion de mon père et cédé à un prix très bas le terrain où nous avions construit notre maison.

Mon mari ne décolérait pas, il voulait plus.

Quelque temps plus tard, Kaye s'est remariée. Son mari était chiropracteur et elle a acheté la clinique de mon père, qui était à côté de chez elle. Mon mari a pensé qu'elle avait reçu plus que moi et il est devenu furieux.

Il ne m'a pas laissé parler à ma famille pendant deux ans et ils n'avaient pas le droit de voir mes enfants.

Chaque fois que ma mère téléphonait, je disais rapidement au revoir et je raccrochais. Mon mari affirmait : « C'est un homme. C'est un homme qui t'appelle. » Et ensuite, il me battait.

Ce n'était pas un homme, c'était ma mère. Si j'avais répondu ça, il m'aurait battue aussi.

Il m'a coupée de ma famille. Ce fut une période horrible.

Lorsque les affaires de mon mari se sont améliorées, il a acheté d'autres voitures, un avion et un bateau. Étaler sa richesse était tout ce qui l'intéressait.

Durant notre mariage, il me disait plusieurs fois par jour que j'étais ennuyeuse, stupide et laide. Je pensais : « Je n'y peux rien si je suis ennuyeuse. Mais je ne peux pas être si stupide que ça : j'ai une licence en sciences. Et je ne peux pas être aussi laide qu'il le prétend : j'ai remporté des titres de beauté et fait du mannequinat. » Je ne lui ai jamais rien dit de tel à voix haute. Si je l'avais fait, il m'aurait battue.

Parfois, il affirmait : « Je sais ce que tu penses. » Et il me battait pour ça aussi.

Vers mes 25 ans, j'ai lu le livre de Thomas A. Harris, *D'accord avec soi et les autres*. Cet ouvrage me donnait de la force et de l'espoir. Mon mari a voulu me l'enlever, cela lui déplaisait beaucoup que je le lise.

De temps en temps, nous recevions des gens à dîner. Chaque repas devait être préparé dans son intégralité, y compris le pain. Je n'aime pas cuisiner mais j'avais des livres de recettes. Je les suivais à la lettre et les plats étaient succulents.

Il me parlait de manière extrêmement méchante et m'insultait devant nos invités, qui ne revenaient jamais. Après coup, il me jetait : « Tu vois, ta cuisine n'était pas assez bonne et tu es ennuyeuse. C'est pour ça qu'ils ne reviennent pas. »

Après avoir eu mes enfants, je n'étais plus mannequin et je ne pensais pas reprendre un jour. Même si on me l'avait demandé, je n'aurais pas pu. À cause de mes bleus.

Nous étions à une Oktoberfest avec trois autres couples, tout le monde buvait de la bière et s'amusait. Certains convives étaient un peu ivres. Les trois autres femmes étaient magnifiques. Je m'habillais de façon si classique que vous n'en croiriez pas vos yeux, tandis que ces femmes étaient vêtues avec soin et style.

Nous nous sommes toutes levées pour aller aux toilettes et des hommes à la table d'à côté nous ont sifflées en lançant : « Hé, les beautés ! Vous êtes toutes tellement sexy ! », ou un commentaire de ce genre.

Mon mari m'a crié dessus et m'a traitée de traînée. Il s'est jeté sur moi pour me frapper, devant tout le monde.

Il avait perdu la tête. Au fil du temps, il était devenu de plus en plus fou. Au début, il me frappait à la maison uniquement. Désormais, sa violence était telle qu'il était prêt à le faire en public.

Les maris de mes amies l'ont écarté de moi tandis qu'elles m'emmenaient chez ma mère. Ne m'ayant pas vue depuis deux ans, elle a été surprise de me voir frapper à sa fenêtre à deux heures du matin.

Le lendemain matin, il est venu chez elle. Il l'a suppliée de me renvoyer chez lui. Il a pleuré et s'est excusé.

Ma mère lui a affirmé : « Ne lève plus jamais la main sur elle ou elle reviendra ici ». Elle était furieuse qu'il me frappe. Elle ne comprenait pas pourquoi je ne lui avais pas dit que mon mariage était horrible. Je crois que j'avais honte et peur qu'il puisse faire du mal à ma famille.

Il a obéi à ma mère et ne m'a plus jamais frappée après ça. Avant, il s'en prenait à moi devant nos enfants. Je me souviens que Tosca et Kimbal, qui avaient deux et quatre ans, pleuraient dans un coin, pendant qu'Elon, âgé de cinq ans, le frappait à l'arrière des genoux pour essayer de l'arrêter. J'ai été soulagée qu'il arrête à une époque où ils étaient assez jeunes pour ne pas s'en souvenir. Mais il me restait encore à supporter sa violence verbale. Lorsque les coups ont cessé, elle s'est aggravée mais je n'avais plus à subir la douleur physique ni les bleus.

Lettie m'a appelée pour savoir si j'étais disponible pour du mannequinat. N'ayant plus de bleus, je pouvais accepter. Ça l'a rendu furieux. Il m'a suivie à un défilé et fixée derrière un pilier pendant que je travaillais. Dans les coulisses, il a vu le coiffeur qui travaillait sur mes cheveux. Il a voulu le frapper. Il voulait contrôler tout ce que je faisais.

Il m'a menacée : si je divorçais, il me lacérerait le visage avec des lames de rasoir, il tirerait dans les genoux des enfants pour que j'aie trois infirmes à élever et je ne pourrais plus travailler comme mannequin. J'étais terrifiée. Je n'ai pas divorcé plus tôt parce que j'avais peur.

Je ne savais pas non plus que je pouvais m'échapper. Je ne pouvais pas porter cette situation devant un tribunal car les lois sud-africaines de l'époque n'étaient pas en ma faveur et je n'avais aucune raison légale de divorcer. Maltraiter une femme ne constituait pas un motif de divorce. C'était ce que faisaient les hommes parce que ça prouvait leur virilité, du moins, c'est ce qu'on m'avait fait croire.

L'année où les lois sur la « rupture irréparable de la relation conjugale » furent adoptées, je me suis dit : « Je peux divorcer maintenant ». Soudainement, j'avais une chance de m'en sortir.

Je devais décider où aller. J'aurais pu rester avec ma mère mais je craignais de la mettre en danger, je ne voulais pas qu'il s'en prenne à elle. Nous avions vendu la maison à côté de la celle de mes parents pour acheter une maison de vacances près de Durban, au milieu de nulle part. C'est là que je suis allée avec mes enfants.

J'avais de la chance de disposer de cette option. L'avocat de mon mari avait suggéré de mettre la maison de Durban à mon nom. Il lui a répondu : « Non. Rien ne sera mis à son nom ». L'avocat a fait remarquer qu'il avait une maison, un yacht, un avion, six voitures. Tout était à son nom à lui. Si quelque chose allait mal et que des gens le poursuivaient en justice, il pourrait tout perdre.

J'ai annoncé : « Je m'en fiche. Mettez-la à son nom. » Mon mari m'a demandé : « Tu es sûre de vouloir qu'elle soit à mon nom ? » Je lui ai confirmé : « Oui, tu peux l'avoir. » Il a conclu : « D'accord, mettez-la à son nom. »

À partir de là, quelque chose s'est apaisé en moi. Nous avons versé l'argent pour le dépôt, puis il y a eu un prêt immobilier de 300 dollars par mois.

J'étais une privilégiée. Quand les lois ont changé, j'avais un endroit où aller avec mes enfants et c'est en partie grâce à cela que j'ai pu partir.

J'étais certaine de pouvoir rembourser le prêt car j'avais quelques économies. Mon mari n'avait pas d'argent quand il m'a épousée. Mais, ensuite, il a bien réussi en tant qu'ingénieur et son train de vie était très confortable. Il avait des économies conséquentes, ce qui n'était pas le cas des miennes. Mais j'estimais qu'elles suffiraient pour nourrir les enfants et payer l'hypothèque les premiers mois.

J'ai eu peur de mon mari pendant toute la durée de notre mariage et pendant notre divorce également. Alors que j'attendais que la procédure de divorce se déroule, il est venu chez moi à Durban et m'a poursuivie dans les rues avec un couteau. J'ai couru chez ma voisine, elle était dans la cuisine.

Elle m'a dit : « Va dans le jardin, mes amis y sont. » Il est entré chez elle en courant avec le couteau et il lui a lancé : « Je veux ma femme ».

Elle lui a répondu : « Voulez-vous une tasse de thé ? » Plus tard, elle a expliqué qu'elle était dans un tel état de choc qu'elle ne savait pas quoi dire d'autre.

Quoi qu'il en soit, ça a fonctionné : il s'est écroulé par terre en pleurant et en disant qu'il voulait que je revienne. Elle était terrifiée et moi aussi. Après cet épisode, j'ai obtenu une injonction restrictive contre lui.

Tout ce que je voulais, c'était me libérer de lui. J'avais deux avocats parmi mes patients. L'un était un avocat vicieux spécialisé dans les divorces, l'autre un avocat spécialisé dans l'immobilier. Je me suis tournée vers le second. Je ne voulais pas d'une affaire qui traîne en longueur. Je voulais que ça s'arrête. Je ne voulais pas de son argent. Je ne voulais rien d'autre que mes enfants.

Je me suis habillée pour aller au tribunal avec une mini-jupe rouge, un chemisier blanc et des chaussures rouges à

talons hauts. Je me suis coiffée et maquillée de façon magistrale. Ma mère m'a regardée et dit : « Enlève ton maquillage, attache tes cheveux en arrière, mets de vieux vêtements et les chaussures plates de ta sœur ».

J'ai donc revêtu cette robe à fleurs trop grande pour moi pour me rendre au tribunal. J'avais une apparence très ordinaire. Le juge me souriait et flirtait avec moi.

Il m'a demandé : « Votre mari veut vraiment divorcer ? » Je lui ai répondu : « Il a signé les papiers ».

Je ne pouvais pas mentir et dire qu'il le voulait car ce n'était pas le cas. Il ne voulait pas partir mais il avait bel et bien signé.

Mes enfants étaient ma seule exigence. Mais le juge a décidé que mon mari devrait payer leur scolarité, leurs frais médicaux et dentaires, et me verser 5 % de ses revenus, ce qu'il n'a jamais fait. Le juge a aussi estimé qu'il devait me donner une voiture à quatre portes à cause des enfants. Il avait cinq voitures de luxe et mon camion mais il est allé chercher la voiture la moins chère qu'il a pu trouver : une Toyota Corolla avec un lèvre-vitre manuel et sans climatisation. Puis il m'a proposé une Jaguar ou une Mercedes, à condition de l'inspecter tous les mois.

C'était une autre façon de me contrôler, alors, j'ai choisi la Toyota. Elle me suffisait pour aller là où je devais me rendre et il n'y aurait pas de contact avec lui.

J'étais heureuse d'avoir une voiture qui m'appartienne. J'ai tout de suite commencé à travailler. En Afrique du Sud, la diététique était un domaine apprécié et les médecins de Durban étaient heureux de m'envoyer leurs patients. Je recevais aussi des contrats de mannequinat.

J'avais toujours du mal avec l'argent, surtout pour payer l'hypothèque. Mes enfants avaient des uniformes scolaires, qui étaient moins chers que des vêtements. Je ne m'achetais pas de belles tenues, ni aucun vêtement d'ailleurs, sauf s'il était d'occasion.

Les premières années, les enfants allaient chez mon ex-mari un week-end par mois. Je préparais leurs affaires mais il les renvoyait chez moi sans vêtements ni sacs. Je devais donc leur acheter de nouveaux habits à chaque fois. C'était très énervant car je ne pouvais pas me le permettre.

Il le faisait exprès. Il disait souvent que je finirais par revenir parce que je serais trop pauvre et que je ne pourrais plus les nourrir. Pendant les dix années suivantes, il m'a poursuivie en justice à plusieurs reprises pour obtenir la garde des enfants. Toutes mes économies y sont passées mais je n'avais plus à le supporter en permanence. Bien que ces procès, leur préparation et la peur de perdre mes enfants fussent horribles, cela valait toujours mieux que de vivre dans la peur constante.

Je ne suis jamais revenue auprès de lui. Même si c'est dur, vous devez vous en sortir. Vous devez sauver votre peau. Ça en vaut la peine.

Si vous vivez dans la peur ou la crainte d'une autre personne, élaborez un plan pour reprendre votre liberté. Si vous êtes dans une relation qui vous rend malheureuse, faites tout ce que vous pouvez pour partir. Je suis restée trop longtemps dans des situations en espérant qu'elles évoluent ou que l'autre personne change. Mais rien n'a bougé jusqu'à ce que je procède moi-même au changement.

Lorsque vous mettez véritablement fin à une relation, votre situation sera peut-être plus rude quelques temps avant de s'améliorer. Vous vous sentirez peut-être extrêmement seule et devrez le supporter. Si vous éprouvez un tel sentiment, rendez visite à vos amis. Appelez votre famille. Trouvez un nouvel emploi. Allez voir un film. Déménagez dans une autre ville.

Un bon plan doit inclure les finances et les aspects logistiques. Vous devrez peut-être demander de l'aide à des amis ou à des professionnels. Ce sera une forme différente de stress (financier et social), mais j'ai constaté que beaucoup d'amis sont revenus vers moi. Ils m'évitaient à cause de mon mari. Certains couples ont même proposé de m'aider financièrement mais je n'ai jamais accepté.

Votre plan n'a pas besoin de s'étendre sur cinq ans. Si vous vous projetez trop loin, faire le premier pas peut être trop ardu. L'essentiel est de vous sortir de là. Ne vous concentrez pas sur un avenir lointain mais sur votre prochaine action.

Lorsque vous réalisez qu'il est temps de partir, ne vous laissez pas submerger par tout ce qui peut se passer ensuite. Planifiez la première étape puis élaborez un autre plan.

Quand je pense à toutes les mauvaises situations dans lesquelles je me suis trouvée, je sais aujourd'hui que j'aurais dû m'en échapper plus tôt. Le moment où vous réalisez qu'une situation n'est pas bénéfique et qu'elle ne changera pas est celui où vous devez décider de vous enfuir. Dès que vous le pouvez.

Si votre relation n'est pas heureuse, qu'avez-vous à perdre en rompant ? Si vous ne pouvez pas changer votre partenaire alors que vous avez essayé, il n'y a aucune raison de rester malheureuse le restant de vos jours.

Je me sentais très seule après mon divorce, surtout lorsque mes enfants allaient chez leur père le week-end ou pendant les vacances. Il les emmenait skier en Autriche, découvrir Hong Kong ou New York. Je ne voulais pas les priver de ces expériences. Il m'invitait systématiquement. Même si j'adore voyager dans de nouveaux pays, je savais à quel point il est affreux de partir avec lui. Il fait disparaître tout le plaisir de chaque instant.

Être seule vaut mieux que de vivre dans la peur au sein d'une relation. Être malheureuse est encore pire. La solitude ne m'a jamais donné envie de revenir à mon mariage malheureux. Avoir des difficultés financières vaut mieux que d'être maltraitée tous les jours. Je n'ai pas besoin d'un manoir, de vêtements chics, de voitures, des avions, de bateaux, de fermes qui s'accompagneraient d'une détresse quotidienne.

Mes enfants et moi avons vécu plus d'une fois dans un petit appartement. Nous avons mangé de nombreux sandwichs au beurre de cacahuète. Et beaucoup de soupe de haricots. Et alors ?

Nous nous aimions et on s'amusait beaucoup ensemble. C'est ce qui compte.

Je vous raconte mon histoire pour que vous sachiez qu'il existe toujours un moyen de sortir d'une situation néfaste. Si vous êtes dans une relation avec quelqu'un qui vous fait du mal, vous devez en sortir si vous voulez survivre. Pendant neuf ans, j'ai souffert dans un mariage abusif. Après avoir quitté mon mari, j'ai eu l'impression que le nuage noir avait disparu et j'ai vu de l'espoir.

Aussi effrayant que cela puisse paraître, il y a toujours une alternative.

Transformez votre vie

Réglez vos problèmes

Mon poids a fluctué pendant la période de mon mariage. Je suis tombée enceinte pendant ma lune de miel, j'ai eu des nausées matinales, ou plutôt des nausées permanentes. J'ai d'abord perdu trop de poids puis j'en ai trop pris. Il y a eu des variations à chaque enfant. J'ai eu la chance d'avoir des enfants en bonne santé et je voulais qu'ils le restent. Je les nourrissais très sainement et préparais leurs repas.

Ces années ont été les plus dures de ma vie. Mes enfants sont la meilleure chose que j'aie jamais faite mais ce mariage était une erreur. Maintenant que j'avais divorcé et que je vivais à Durban comme mère célibataire de trois jeunes enfants, c'était à moi de prendre soin de nous quatre. Il était essentiel que je maintienne mon poids pour continuer à être mannequin et avoir un revenu supplémentaire pour subvenir aux besoins de mes enfants. Je me suis appuyée sur toutes mes connaissances en nutrition, je mangeais uniquement lorsque j'avais faim et seulement des aliments sains : céréales, lait, légumes, fruits, sandwichs au blé complet au beurre de cacahuète, soupe de haricots, poisson en conserve et parfois du poulet. Je devais manger selon un budget modeste et le fait que les aliments sains ne sont pas forcément chers m'a facilité la tâche.

J'ai fait un effort pour me socialiser à Durban mais ma famille n'a jamais été convaincue par mes petits amis d'alors. Kaye disait que j'étais un aimant à abrutis et elle avait raison. Un soir où j'étais sortie, j'ai rencontré un homme qui m'appréciait vraiment. Nous avons entamé une relation. Il voulait que je perde du poids parce qu'il trouvait que j'avais l'air grosse. Je n'étais pas grosse mais j'ai perdu du poids pour lui faire plaisir. C'était vraiment stressant pour moi de devoir devenir aussi mince, c'était très restrictif.

Il m'a demandé de l'épouser mais j'ai refusé car il me trompait. Malgré ça, il a organisé une fête de fiançailles surprise. Je suppose que je dois attirer ce genre d'hommes.

Il faisait construire une maison pour que nous y vivions, avec des chambres pour mes enfants et lui, ainsi qu'un bureau séparé et une salle d'attente pour mon cabinet de diététique. Dès que j'essayais de lui rendre sa bague, il menaçait de se suicider. J'ai commencé à manger trois desserts chaque fois qu'on se voyait pour le faire fuir et j'ai rapidement pris du poids.

J'aimais manger des aliments frits, gras et sucrés mais je les consommais car j'étais malheureuse et stressée. J'ai atteint de nouveau plus de 90 kilos. Il ne m'a fallu que quelques mois pour reprendre du poids, mais près de dix ans pour retrouver un poids de forme et une taille 40. Ce que je ne savais évidemment pas à l'époque.

J'avais besoin de savoir quoi faire ensuite. Élaborer un nouveau plan me semblait impossible jusqu'à ce qu'une amie vienne à mon secours. Son conseil était simple : passer une demi-heure chaque jour à me rappeler des moments heureux. D'après elle, cela m'aiderait à décider ce que je devais faire ensuite.

Je n'avais jamais médité ou pris le temps de m'asseoir pour réfléchir. Elle affirmait que je devais le faire. Ça m'a fait très bizarre. Je restais assise pendant 30 minutes et mon cerveau était vide. Le vide total. J'essayais de me souvenir des moments où j'étais heureuse. Mais j'étais si triste que j'en étais incapable. Je me suis rappelé que le lycée avait été une période agréable mais je n'allais pas y retourner. J'ai réalisé que j'avais été heureuse à l'université, malgré le stress qu'avaient constitué mes études en afrikaans. Grâce à cela, mon afrikaans était bien meilleur désormais !

C'est là que j'ai décidé d'aller à Bloemfontein pour faire mon internat en diététique. J'étais tellement triste que j'ai me suis dit : « Ça vaut le coup de partir ».

J'ai tout laissé tomber et, mes jeunes enfants sous le bras, j'ai quitté cette belle maison de Durban pour une petite ville au milieu du pays où tout le monde parlait afrikaans.

Il n'y avait pas de vie sociale pour une mère divorcée avec de jeunes enfants dans cette petite ville mais, de toute façon, j'étais complètement absorbée par mes études. Je vivais avec mes enfants dans les quartiers des médecins. Ils dormaient dans la chambre et moi dans le salon/cuisine. Tout cela en valait la peine car, lorsque nous sommes arrivés, je me suis sentie heureuse d'avoir mis de la distance entre le chagrin et moi. Le fait de ne pas être dans un endroit qui me rappelait constamment ma douleur a fait une grande différence.

J'ai proposé bénévolement mon expertise en enseignant le mannequinat et la façon d'élaborer son image afin de récolter des fonds pour des bourses d'études en diététique. Cela a si bien marché que mes élèves m'ont convaincue de diriger une école. Cette nouvelle entreprise a rencontré un franc succès. Les enfants des professeurs, les collègues, les amis et la presse, tous m'ont soutenue. J'ai organisé des défilés de mode, donné des cours sur la nutrition ainsi que sur la confiance en soi et je me suis beaucoup amusée. J'ai même poursuivi mes études pour obtenir une maîtrise en sciences. Une sacrée manière de renforcer mon estime de moi-même !

La vie était belle. J'enseignais le soir, ces cours constituaient donc ma vie sociale. Dans cette ville universitaire, personne ne me jugeait sur mon poids, ce qui me permettait d'être plus détendue. Je suis même sortie avec quelques hommes mignons plus jeunes que moi.

Je voulais soutenir la carrière des mannequins que je formais, alors je me suis rendue à Johannesburg, à l'agence de top models G3, pour y montrer leurs photos.

L'agent que j'ai rencontrée s'appelait Gaenor Becker. Elle n'était intéressée par aucun de mes modèles. Elle m'a jaugée et demandé : « Et si, toi, tu faisais du mannequinat ? »

Je lui ai répondu : « Non, non, je ne suis plus mannequin ». J'avais perdu environ dix kilos au fil des mois mais je ne pensais plus à ma propre carrière.

Gaenor m'a dit que le mannequinat grande taille était une nouvelle catégorie et m'a encouragée à me lancer car j'avais l'expérience. Une fois de plus, me dire « Pourquoi pas ? » allait me donner un joli coup de pouce sur le long terme.

Ma carrière de mannequin grande taille a commencé par un voyage à Johannesburg pour des publicités télévisées. Comme j'étais le seul mannequin de cette catégorie en Afrique du Sud, j'ai rapidement parcouru le pays pour des contrats destinés à des supports imprimés ou des défilés, tout en terminant ma maîtrise en sciences. On avait besoin à la fois d'un mannequin grande taille et d'un mannequin plus âgé, je faisais d'une pierre deux coups.

Gaenor et moi étions devenues bonnes amies entre-temps. Après que j'ai déménagé à Johannesburg, Gaenor m'a raconté : « Je connais un type horrible qui s'appelle Musk ». Je lui ai répondu : « Probablement mon ex-mari ».

Elle m'a raconté : « Il a épousé une de mes amies et l'a mise à la porte juste après leur mariage ». J'ai confirmé : « Ça doit être lui ».

Quelques années plus tard, elle m'a demandé : « Tu veux rencontrer Sue Musk ? » Ce à quoi j'ai répondu : « Bien sûr ».

Sue était top model, belle femme, beaucoup plus cool que moi. On est allées ensemble à un cocktail où elle m'a présentée ainsi : « Voici Maye Musk. Elle a été mariée avec mon ex pendant dix ans et moi pendant dix minutes ».

On riait tellement. Les gens ne comprenaient pas la blague mais on s'en fichait, on digérait tout cela en riant.

À Johannesburg, j'ai continué à travailler dans le domaine de la nutrition. Ma pratique s'est si bien développée que j'ai donné des conférences sur le fait de s'alimenter sainement. À l'époque, j'étais médicalement obèse et l'humour me servait à dissimuler mes sentiments à ce sujet. J'essayais de rendre la situation amusante afin de paraître plus assurée mais je n'avais pas beaucoup confiance en moi et portais des vêtements larges pour cacher ma silhouette. Pourtant, les gens venaient toujours à moi et étaient motivés.

J'avais l'impression d'être un imposteur car je faisais le contraire de ce que je disais à mes clients. J'avais les informations mais je ne les appliquais pas.

À 41 ans, mon cholestérol avait augmenté et j'avais mal aux genoux ainsi qu'au dos. Ça m'inquiétait car, avec trois enfants à charge, il faut rester en bonne santé. Cela me manquait de me sentir bien dans mon corps.

J'ai alors commencé à suivre mes propres conseils : ne manger que lorsque j'avais faim, consommer des aliments sains et en quantités raisonnables. Avec ce régime alimentaire, j'ai perdu du poids et le mien est stable depuis trente ans.

Ne vous leurrez pas : c'est un travail quotidien et il n'est pas facile. Je ne suis pas naturellement mince alors, si je veux garder la ligne, je dois rester vigilante toute la journée et tous les jours. Je planifie mes repas et m'assure qu'il y a de la nourriture saine à portée. Si je ne mange pas assez, je ne me sens pas au mieux de ma forme. Si je m'affame, je vais dévorer tout ce que je vois. Si je mange des aliments mauvais pour la santé, je me sens ralentie sur le plan mental et physique, je suis fatiguée et ballonnée. J'ai beau être diététicienne depuis quarante ans, je peux encore ressentir de la tentation et en souffrir. Mais, la plupart du temps, je fais le choix de bien manger, encore et encore, parce que je veux me sentir au top.

Les jolies photos ne sont absolument pas représentatives de tout le travail nécessaire pour atteindre ce résultat. Par deux fois, j'ai pris et perdu près de 30 kilos. Je suis pleinement consciente que si je mange trop, mon poids augmentera. Je pensais vraiment qu'il resterait constant à un moment donné mais ce ne fut pas le cas et il m'a fallu beaucoup d'efforts pour redevenir mince. Et encore aujourd'hui pour le rester.

Il est facile de chercher une solution immédiate quand on se sent mal, comme moi en mangeant trop. Mais cela vous empêche de faire face au problème et aggravera sans doute le malaise que vous ressentez. Pour vous sentir mieux, vous devez bousculer les choses et opérer un véritable changement. Qu'il soit modeste, comme apprendre à méditer, ou ambitieux, comme modifier votre façon de manger ou déménager et recommencer à zéro. Vous devez élaborer un plan.

PARTIE 3

FAMILLE

Mère qui travaille

Montrez l'exemple

Quand Elon est né, j'avais 23 ans, l'âge moyen d'une mère en 1971. Ça a commencé par trois jours de faux travail, c'est-à-dire des contractions tout au long la journée qui s'arrêtent ensuite la nuit. La naissance a été difficile : il avait une grosse tête et c'était un grand garçon de près de quatre kilos. Je voulais un accouchement naturel, sans antalgiques. Le souvenir de cette douleur est resté vif.

J'ai oublié toute cette souffrance quand il est arrivé. J'étais si heureuse. C'était un petit chérubin, je n'arrivais pas à croire qu'un être si beau puisse exister. Il était allongé à côté de moi et je le fixais. C'était l'événement le plus merveilleux qui se soit jamais produit.

Il avait un solide appétit et je l'ai allaité pendant trois mois. Il pleurait beaucoup alors, après le troisième mois, j'ai commencé à compléter son alimentation avec de l'eau et du lait bouillis en quantités égales. À quatre mois, je lui donnais pratiquement du lait entier. À cinq mois, il mangeait des céréales pour bébé, puis des purées de fruits, des légumes et mes repas habituels. Elon adorait manger. À peu près au moment où j'ai arrêté d'allaiter, je suis tombée enceinte de Kimbal, qui est né quand j'avais 24 ans. Kimbal était un garçon longiligne qui pesait un demi-kilo de plus que son frère aîné. Sa naissance a été plus facile. Là encore, je l'ai allaité pendant trois mois, puis, comme Elon, je l'ai fait mis au lait et à l'eau quand son appétit est devenu trop grand. J'avais appris aux infirmières qu'il fallait commencer à donner des aliments solides aux bébés à partir de six mois mais, mes garçons étant grands, j'ai diversifié leur alimentation plus tôt.

J'ai arrêté d'allaiter et j'étais à nouveau enceinte quelques mois plus tard. J'ai eu ma fille à 25 ans. Tosca pesait 225 g de moins que Kimbal. Ce fut une énorme surprise et une joie absolue d'avoir une fille.

Je portais mes deux plus jeunes enfants sous chaque bras, tandis que mon aîné marchait à côté de moi. Ils me donnaient du fil à retordre, un merveilleux fil.

Après ces trois naissances en trois ans et trois semaines, le gynécologue m'a posé un stérilet car mon corps avait besoin de se rétablir. Il voyait mes bleus, aussi.

À 31 ans, j'étais mère célibataire et ma priorité était de m'occuper de mes enfants.

J'étais une mère qui travaillait, tout comme mes parents l'avaient fait. Mais, contrairement à eux, j'étais seule. Mes enfants ont toujours été la partie la plus importante de ma vie.

Ma mère ne s'est jamais sentie coupable de travailler à plein temps. Je ne me suis jamais sentie coupable non plus

parce que je n'avais pas le choix. Je travaillais pour que nous ayons un toit sur la tête, de la nourriture dans le ventre et des vêtements de première nécessité.

Je voulais que mes enfants soient autonomes et prennent mon travail en considération, d'ailleurs j'avais transformé une chambre en bureau. Il n'y a pas lieu de se sentir coupable. Si vous ne travaillez pas et que cela suscite du ressentiment chez vous, ce ne sera pas très agréable pour vos enfants. Pour avoir un meilleur état d'esprit, vous devez faire un plan pour travailler soit à temps partiel, soit à plein temps et obtenir de l'aide sous toutes les formes possibles. Si vous pouvez aménager vos horaires de travail de façon à pouvoir emmener vos enfants et ceux d'un voisin à l'école, ce voisin pourra aller les récupérer. Vous aurez besoin d'une solution de garde d'enfants l'après-midi jusqu'à votre retour à la maison, mais vous rentrerez chez vous heureuse et épanouie. C'est ce que j'ai fait.

Quand ils étaient petits, je recevais mes clients à domicile dans mon cabinet de diététique. Quand je faisais du mannequinat, ils avaient une nounou. Parfois, ils devaient s'asseoir au premier rang avec leurs livres pendant que je défilais.

Mon père a toujours eu son cabinet de chiropracteur à côté de chez nous et ma mère travaillait pour lui. Ma sœur jumelle et moi avons aussi travaillé pour lui, dès l'âge de 8 ans. Nous étions payées cinq cents de l'heure pour l'aider à envoyer son bulletin mensuel mais nous aurions travaillé gratuitement. Mon père dictait le bulletin à ma mère qui l'écrivait en sténo, puis le tapait à la machine.

Notre travail consistait à préparer les stencils et à faire les copies. Assises sur le sol du salon, Kaye et moi pliions ensuite le bulletin en trois, le mettions dans des enveloppes et le timbrions. Nous en faisions environ mille par mois. J'étais si jeune à l'époque que je ne connaissais pas le concept d'« outil marketing », pourtant, c'en était bien un. Ce travail m'a beaucoup apporté pour mes propres activités.

À 12 ans, Kaye et moi avons commencé à travailler dans la clinique de mon père comme réceptionnistes. Nous nous relayions de 6h45 à 7h30 le matin, puis de 16h à 18h l'après-midi. Nous notions l'arrivée des patients, leur préparions du thé, développions les radiographies et discutions avec eux jusqu'à ce que mon père soit prêt à les recevoir. Nous étions traitées comme des adultes en qui on pouvait avoir confiance.

L'influence de nos parents est évidente dans la vie que mes frères, mes sœurs et moi avons choisie ainsi que dans la façon dont nous avons élevé nos propres enfants. Mon père était un scientifique et dirigeait une entreprise. Je suis devenue scientifique et entrepreneuse, tout comme mon frère Scott. Mon frère Lee a eu sa propre école de commerce en Afrique du Sud, puis a été doyen et vice-président académique d'une grande institution technique au Canada. Notre mère a dirigé une école de danse, mes sœurs Kaye et Lynne ont fait de même.

Dès leur plus jeune âge, mes enfants m'ont aidée dans mon cabinet de diététique. Dans mon bureau, Tosca tapait les lettres aux médecins sur un traitement de texte. Elle inscrivait le nom et l'adresse du praticien, les salutations d'usage,

le nom du patient et je complétais ensuite avec la consultation du patient et les résultats plausibles.

Elon était très doué pour expliquer les fonctions du traitement de texte, ce qui n'est pas surprenant ! Kimbal aussi se rendait toujours utile.

Lorsque nous vivions à Bloemfontein, j'ai fait travailler Tosca à l'école de mannequinat et de maîtrise de l'image que je dirigeais. Elle apprenait aux élèves comment marcher, chorégraphiait les défilés et donnait des cours d'étiquette. Elle était l'habilleuse de tous mes spectacles. Elle avait environ 8 ans.

Que voulez-vous que je vous dise ? J'avais besoin d'aide.

J'ai élevé mes enfants comme mes parents nous ont élevés : pour qu'ils soient indépendants, gentils, honnêtes, prévenants, polis, qu'ils travaillent dur et accomplissent de belles choses. Je ne les ai pas traités comme des bébés et je ne les ai pas grondés. Je ne leur ai jamais dit ce qu'ils devaient étudier. Ils devaient simplement m'informer de leurs choix. Je ne vérifiais pas leurs devoirs, cela relevait de leur responsabilité. Il est certain que cela n'a pas nui à leurs carrières.

Je pense au contraire que cette prise de responsabilité précoce a été bénéfique à mes frères, mes sœurs et moi, avant de l'être pour mes enfants. En grandissant, ils ont continué à prendre en main leur avenir à travers leurs propres décisions. Tosca a choisi son lycée. Ils ont tous postulé à l'université de leur choix et rempli leurs demandes de bourses et de prêts étudiants. Je n'ai même jamais vu ces dernières.

Les enfants n'ont pas besoin d'être protégés de la réalité des responsabilités. Cela a été bénéfique pour les miens qui m'ont vue travailler dur, ne serait-ce que pour parvenir à nous loger, nous nourrir et nous acheter des vêtements d'occasion. Ils savent à quel point j'ai lutté, alors que ma vie semble si facile maintenant.

À l'université, ils ont vécu dans des conditions assez médiocres : matelas à même le sol, six colocataires ou une maison délabrée. Mais cela leur convenait.

Si vos enfants ne sont pas habitués au luxe, ils s'en sortent bien et se débrouillent. Vous n'avez pas besoin de les gâter. Quand vous êtes sûre qu'ils sont en sécurité, laissez-les se débrouiller seuls.

Le fait d'être occupée par mon travail signifie aussi qu'ils avaient tout le loisir de faire des bêtises et je suppose que je ne connais qu'une partie des anecdotes. (J'aime à penser que j'étais sévère s'ils étaient irresponsables mais ils vous diraient que je me laissais marcher sur les pieds...)

Les enfants m'ont rappelé la fois où je sortais avec un fumeur qu'ils n'aimaient pas beaucoup, car nous étions une famille très hostile au tabac. Ils ont mis des petits pétards dans ses cigarettes, il en a allumé une et ça a fait un grand BOUM ! Ils ne pouvaient pas s'arrêter de rire. J'ai trouvé ça assez drôle. Pas lui. Ils n'ont jamais été punis pour ça.

Ce n'est pas qu'il n'y avait aucune discipline. Je les punissais s'ils étaient bruyants ou méchants. Je les privais de télévision ou les envoyais dans leur chambre. Ils m'ont confié un jour que lorsqu'ils étaient punis, ils sortaient en douce, mettaient le magnétoscope en route pour enregistrer leurs séries préférées avant de retourner à toute vitesse dans leur chambre. Ainsi, ils ne manquaient pas *L'Agence tous risques* ou *MacGyver*. J'étais dans mon bureau et je ne remarquais rien.

C'est un des avantages d'avoir une mère qui travaille, diraient-ils.

La magie du douze

Encouragez les enfants dans leurs centres d'intérêt

Des gens me demandent comment j'ai élevé des enfants qui ont si bien réussi. Je l'ai fait en les laissant suivre leurs centres d'intérêt.

J'aime mes enfants et je suis si fière d'eux pour tout ce qu'ils ont accompli. Mon aîné, Elon, fabrique des voitures électriques pour sauver l'environnement et lance des fusées. Mon fils cadet, Kimbal, a créé des restaurants « de la ferme à la table ». Il se rend dans des écoles défavorisées à travers tout le pays pour apprendre aux enfants à planter des fruits et des légumes. Ma plus jeune, Tosca, dirige sa propre société de divertissement, qui produit et réalise des films d'amour en adaptant des romans à succès. Tous ont des centres d'intérêt différents.

Cela me fait penser à ma fratrie : nous avons tous suivi notre propre voie. Mes parents étaient heureux de nous soutenir dans nos centres d'intérêt respectifs. De la même manière, mes enfants ont manifesté les leurs dès leur plus jeune âge. Ils les ont approfondis jusqu'à ce jour et les adorent encore.

Je les encourageais et les aidais quand ils en avaient besoin. S'ils voulaient des conseils, je leur en donnais. Mes réponses ont tendance à être très brèves, bien que j'aie essayé de les développer pour ce livre. Ce paradoxe me fait sourire.

Kimbal a joliment déclaré dans un post Instagram : « Ma mère @MayeMusk a toujours été une lumière qui me guide dans la vie. En plus d'être une CoverGirl à 70 ans, elle a deux masters de science en diététique et a toujours été passionnée par la nourriture de qualité. Elle est, et a toujours été, une source d'inspiration pour moi. Je lui suis très reconnaissant de son soutien à @Big Green pour éduquer la prochaine génération sur le pouvoir de planter, de cultiver et de manger une nourriture authentique. Merci, maman ! »

Dès l'âge de 12 ans, mes enfants ont développé des centres d'intérêt dont ils allaient faire leurs carrières. Quand Elon était jeune, je remarquais qu'il lisait tout. J'aimais lire moi aussi mais j'oubliais l'histoire dès le livre refermé. Elon, lui, se souvenait de tout ce qu'il lisait. Il était toujours en train d'absorber des informations. Nous l'appelions « l'encyclopédie » parce qu'il avait lu l'*Encyclopaedia Britannica* ainsi que la *Collier's Encyclopedia*, et qu'il se rappelait tout. C'est aussi pour ça qu'on le qualifiait d'enfant prodige. On pouvait lui poser n'importe quelle question. Je suppose qu'aujourd'hui, on le surnommerait « Internet », qui n'existait pas à l'époque.

Elon a eu son premier ordinateur à 12 ans. Nous étions en 1983 et les ordinateurs étaient des objets extrêmement nouveaux. Il a appris à s'en servir puis a écrit un programme informatique pour un jeu, BLASTAR.

Je l'ai montré à des étudiants de l'université qui étaient dans mon école de mannequinat. Ils étaient surpris qu'il connaisse tous les raccourcis de codage. Ces jeunes hommes en deuxième ou troisième année d'informatique étaient très impressionnés.

J'ai conseillé à Elon de soumettre BLASTAR à un magazine informatique. Il l'a envoyé à *PC Magazine* qui lui a offert 500 rands (500 $). Je ne crois pas qu'on soupçonnait qu'il avait 12 ans. Son jeu a été publié quand il avait 13 ans, je ne pouvais pas imaginer ce qu'il allait faire par la suite.

Petit, déjà, Kimbal adorait la nourriture. À 12 ans, il a pris en charge l'heure des repas et a commencé à cuisiner pour la famille. Il voulait que les plats soient succulents et, s'il devait les faire lui-même pour que ce soit le cas, il était prêt à se lancer. Il aimait aller à l'épicerie avec moi. Je me souviens être allée au marché avec lui, il prenait un poivron vert et le sentait. Et je lui demandais : « Mais d'où viens-tu ? » La

cuisine n'était pas du tout un plaisir pour moi. Je leur donnais une nourriture saine mais assez simple : des sandwichs au beurre de cacahuète, des petits pois et des carottes.

Kimbal prenait tous ces nouveaux légumes que nous n'avions jamais vus auparavant et il les utilisait pour cuisiner. S'il trouvait un poisson frais pêché le jour même, il le faisait cuire au barbecue avec des tomates, des citrons et des oignons. C'était un cuisinier né. Il avait un don avec les légumes, qui étaient très abordables, c'était parfait. Tout ce qu'il faisait était délicieux, bien meilleur que ma cuisine ennuyeuse.

Lorsque nous avons déménagé à Toronto, il a appris à Elon à préparer des gnocchis Alfredo au crabe pour qu'il puisse cuisiner pour ses petites amies.

Cela m'a fait plaisir quand Kimbal m'a dit qu'il sentait que je le soutenais toujours, quoi qu'il choisisse. Il a changé de carrière plus d'une fois ! Il a étudié le commerce, est devenu entrepreneur sur Internet puis a étudié la cuisine à l'Institut culinaire français de New York. Je me rendais dans la salle à manger de son école à 23 heures, à la fin de son service, pour dîner avec lui. Lorsqu'il s'est installé à Boulder et a ouvert le restaurant *The Kitchen* dans un ancien espace de restauration, j'ai récuré les cuisinières et les réfrigérateurs pour les briquer. Malheureusement, ils ont ensuite été remplacés ! Bon...

Kimbal a eu un parcours surprenant. Après un accident en faisant du tubing avec ses enfants, une fracture du cou lui a laissé du temps pour réfléchir à ce qu'il voulait vraiment faire de sa vie. La restauration étant sa passion, il s'est retrouvé à ouvrir des restaurants « de la ferme à la table » au beau milieu des États-Unis. Il a créée l'association à but non lucratif Big Green pour mettre en place des jardins pédagogiques dans les écoles démunies. Il a également créé l'entreprise Square Roots, qui enseigne à de jeunes entrepreneurs à devenir des agriculteurs urbains en construisant des jardins dans des conteneurs recyclés sur des parkings.

Quand on repense à ce qu'il aimait à 12 ans, c'est parfaitement logique.

Quand Tosca avait 12 ans et qu'elle était en cinquième, son professeur a décidé de ne plus diriger le club de théâtre. Alors Tosca a pris la relève.

Ma fille a toujours été une actrice. Très jeune, elle s'intéressait au théâtre, à la danse, au spectacle et à la musique. Elle a toujours aimé le cinéma.

À Johannesburg, nous passions les vendredis soirs ensemble sur le canapé, à regarder des films d'amour et à manger de la glace (quand je ne faisais pas attention à mon alimentation comme je le fais maintenant). Elle était dans tous les clubs d'arts du spectacle.

Cela ne me surprend donc pas qu'elle soit réalisatrice, qu'elle fasse ses propres films, qu'elle transforme des romans d'amour en films pour sa société, Passionflix.

Je suis toujours ravie de m'habiller pour la rejoindre sur le tapis rouge lors des avant-premières.

Dans mon cabinet de diététique, j'ai constaté que les parents stressaient pour leurs enfants. Un père ou une mère

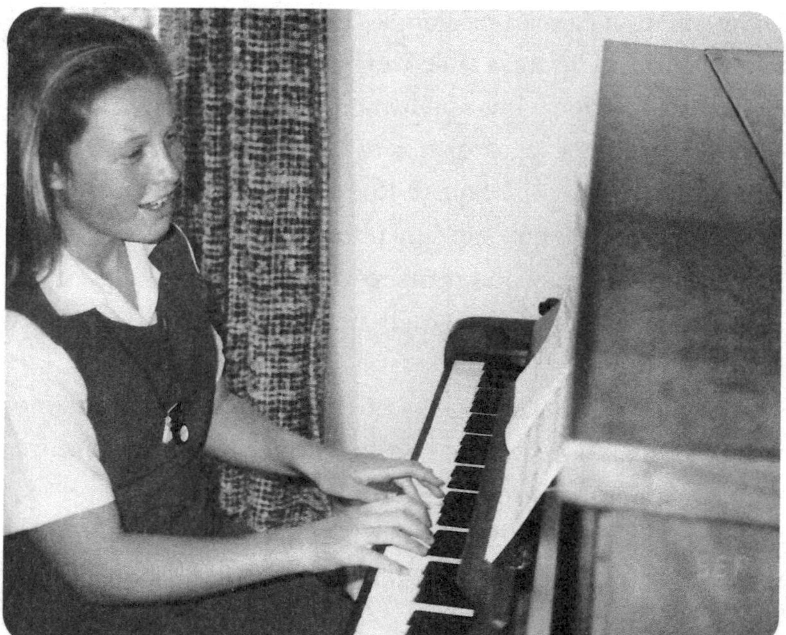

s'angoissait parce qu'il y avait beaucoup de formulaires à remplir pour que leurs enfants puissent entrer dans une école ou une université de qualité. Je leur disais de laisser les enfants remplir eux-mêmes les documents, qu'il s'agisse d'entrer dans un établissement ou d'obtenir un emploi. Que les enfants devaient être responsables de leur avenir.

Si les vôtres désirent créer une entreprise et que vous pensez que c'est une bonne idée, soutenez-les. Apprenez leur les bonnes manières mais laissez-les décider de ce qu'ils veulent. Je n'aurais pas pu prédire Tesla, SpaceX, The Kitchen, Big Green ou Passionflix. Mais, maintenant que je vois ce qu'Elon accomplit avec la technologie, ce que Kimbal met en œuvre dans le monde de la restauration et ce que Tosca fait avec ses films, il s'avère que toutes leurs activités prennent leur source dans ce qu'ils aimaient dès l'enfance.

Recommencer à zéro

Dites oui pour rendre la vie plus intéressante

Recommencer à zéro est difficile, surtout si cela implique de déménager dans un nouvel endroit. Dans les huit villes où j'ai déménagé à l'âge adulte, la première année a été solitaire. Je me suis fait quelques amis la deuxième et j'ai eu de nombreux amis que j'appréciais beaucoup la troisième. J'ai simplement dû accepter le fait que recommencer à zéro est difficile. La principale raison est que je travaille seule, je n'étais pas dans un bureau où je pouvais nouer des relations avec des collègues. C'est aussi pour cette raison que je commençais par contacter tous les diététiciens des environs en vue d'une rencontre. Certains sont devenus des amis et le sont toujours.

Quand vous recommencez dans un nouvel endroit, vous devez sortir. Vous ne pouvez pas rester assise dans votre coin et espérer que votre vie sociale ou vos affaires repartent d'elles-mêmes. Vous devez sortir, vous socialiser et tisser un réseau de contacts. Vous devez commencer à rencontrer des gens car c'est la source de votre travail. C'est de là que viennent vos amis et vos compagnons ou compagnes. Il faut embrasser beaucoup de crapauds avant que l'un d'eux ne se transforme en prince. Dans un nouvel endroit, sortir pour essayer de se socialiser ressemble à du travail. Parce que c'en est un.

Ce n'est pas facile d'être seule à un événement, c'est stressant. Personne ne vous connaît alors que tout le monde s'embrasse et se prend dans les bras. Tout ce que vous pouvez faire, c'est rester là. Vous ne pouvez pas vous immiscer dans les cercles d'amis et les petits comités, ce serait bizarre. Si vous avez de la chance, quelqu'un sera assez gentil pour venir vous saluer. Je me donne parfois une heure pour que quelqu'un me parle puis je pars. J'ai rarement quitté une fête.

J'ai appris ça quand j'avais 31 ans et que je venais de divorcer. Un ami m'a dit : « Sors tout le temps. C'est la seule façon de commencer à rencontrer des gens dans une nouvelle ville. » C'est ce que j'ai fait mais j'ai souvent eu l'impression de faire tache.

J'ai réalisé depuis que tout le monde éprouve ce sentiment et que même les célébrités peuvent se sentir seules, parfois. Lorsque je dirigeais l'école de mannequinat à Bloemfontein, on m'a demandé d'emmener mes élèves à l'aéroport pour accueillir Miss Univers. Elle était là, seule. J'étais très polie et ne voulais pas m'approcher d'elle ni m'imposer.

C'était exactement ce que j'avais ressenti dans des fêtes où je ne connaissais personne, jusqu'à ce que quelqu'un ait pitié de moi. Je me suis souvenue de ce sentiment.

Je me suis approchée d'elle et lui ai dit : « Bonjour. Je suis la directrice de l'école de mannequinat. Je voulais vous souhaiter la bienvenue. » Elle a répondu : « Merci de m'avoir parlé ! C'est horrible de rester là toute seule ! »

Alors, rappelez-vous : même Miss Univers se sent mal à l'aise dans les fêtes.

Mon master en poche, j'ai quitté Bloemfontein pour retourner à Johannesburg afin de me rapprocher de ma famille. Je devais rapidement mettre mon cabinet sur les rails.

Si vous optez pour un emploi où vous êtes entourée des mêmes personnes tous les jours, elles peuvent devenir vos amies. Je n'ai pas créé un réseau pour développer ma carrière, j'ai créé un réseau avec mes pairs pour en savoir plus sur ce qui se passait et pour faire profiter autrui de mon succès en tant que diététicienne en cabinet privé. Je voulais que davantage de diététiciens soient disposés à ouvrir leur propre cabinet et venir à bout des régimes en vogue. Pourtant, mes collègues se sont révélés bons envers moi : ils m'ont recommandée pour des conférences, des activités de porte-parole, du travail auprès des médias et ils m'ont envoyé des clients en consultation. Entrer en contact avec les gens stimulera davantage votre activité professionnelle que de rester assise seule à attendre que le téléphone sonne. Ou, de nos jours, attendre que les e-mails arrivent.

Ma stratégie, en plus d'accepter les invitations, était d'adhérer à toutes les associations que je pouvais. J'adhérais à une association de diététiciens et j'obtenais la liste des praticiens de ma région. Si vous pouvez faire partie de certains comités, vous retrouvez les mêmes personnes et pouvez apprendre à les connaître. Un jour j'ai organisé une réunion pour les diététiciens qui exerçaient dans le privé ou qui voulaient le faire, j'ai donné quelques conseils sur la façon de réussir puis nous avons eu le temps de discuter. J'ai rencontré de nouvelles personnes qui ont fait connaissance entre elles. Mes collègues ont tellement apprécié que j'ai décidé de recommencer.

Pendant ce temps, je me suis constitué une solide clientèle. Au bout de deux ans, je voyais vingt patients par jour !

Puis l'impensable s'est produit : mon téléphone a cessé de fonctionner. Le câble téléphonique de mon bureau était endommagé. Hélas ! il n'était pas fabriqué en Afrique du Sud et, dans les années 80, il fallait six mois pour le faire venir d'Europe.

Le téléphone était le moyen de prendre tous mes rendez-vous et la seule manière de me joindre, à moins de passer sur place ou d'écrire une lettre. Pour aggraver les choses, il n'y avait aucun message indiquant aux gens que mon numéro était hors service. Si une personne essayait de m'appeler, tout ce qu'elle obtenait était un signal pour dire que la ligne était occupée ! J'avais besoin d'un plan si je voulais survivre. J'ai pensé trouver la solution en achetant un pageur (bipeur radio). J'ai envoyé des lettres à tous mes clients ainsi qu'aux médecins pour leur dire qu'ils pouvaient m'envoyer des messages par ce biais et que je trouverais un téléphone pour les rappeler.

Ce plan n'a pas fonctionné. Pendant trois semaines, je n'avais plus qu'un client par jour. J'étais effondrée. Mes revenus ne cessaient de baisser. Je ne savais pas ce que j'allais devenir.

Lors d'une autre réunion que j'avais organisée avec des collègues, ils m'ont confirmé qu'ils avaient essayé de m'appeler mais que mon téléphone était toujours occupé. Je me suis écroulée et j'ai pleuré. Puis un événement notable s'est produit. Ils ont déclaré que je les avais aidés pendant deux ans et que c'était à leur tour de me venir en aide. Ils m'ont donné six de leurs emplois de consultant à temps partiel : en maison de retraite, en clinique privée, en recherche sur l'alimentation des nourrissons, en rédaction, en enseignement et en conseil en nutrition dans un supermarché. Chaque emploi représentait quatre à huit heures par semaine et aucun appel téléphonique. J'étais enthousiaste à l'idée de retravailler et d'explorer un domaine de la diététique que je n'avais jamais abordé auparavant.

Lorsque le câble téléphonique a été réparé, l'activité de mon cabinet a repris et j'étais plus occupée que jamais ! Être consultante est devenue une nouvelle forme de revenu, qui allait m'aider pour le reste de ma carrière. Parfois, le meilleur plan consiste à accepter de l'aide.

Cela a également fonctionné lorsqu'une collègue diététicienne m'a donné des tuyaux sur un emploi pour l'un de mes enfants.

Nous venions de déménager à Toronto et Elon avait besoin de trouver du travail. Lors d'une réunion de diététiciens, j'ai évoqué sa recherche d'emploi. Le mari de l'une des diététiciennes travaillait chez Microsoft.

« Mon fils a un don avec les ordinateurs », lui ai-je dit. Toutes les mères disent des choses comme ça, certes. Dans le cas présent, ils ont été très surpris de découvrir à quel point j'avais raison.

Tout au long de ma carrière, j'ai travaillé dur pour aider les autres à réussir. Ce qui m'a surprise, c'est que j'ai parfois eu, moi aussi, besoin de leur soutien. Ne soyez pas bonne envers les autres seulement pour obtenir quelque chose en retour, faites-le parce que cela vous fait plaisir et les aide à s'améliorer.

J'ai 71 ans et j'ai rencontré certains de mes meilleurs amis grâce à mon travail. Je continue à me faire de nombreux amis merveilleux dans mes carrières de diététicienne et de mannequin !

Désormais, lorsque je me rends à un événement et que je vois une personne seule, je vais vers elle et je l'inclus dans la conversation. Si vous voyez quelqu'un d'autre complètement seul, parlez-lui aussi. Cela peut sembler embarrassant mais, en réalité, ça ne l'est pas. La plupart du temps, ce sera l'occasion de faire de sympathiques rencontres.

Changez de pays, s'il le faut

Tentez votre chance, vous pourrez toujours rentrer

La vie est imprévisible et pleine de surprises. Parfois, il suffit de prendre un risque et de procéder à un grand changement.

J'avais 41 ans, mes affaires marchaient bien à Johannesburg et nous avions une belle maison. Je me sentais en sécurité, enfin.

Elon voulait déménager au Canada, il pensait que l'Amérique du Nord était l'endroit approprié pour approfondir son intérêt pour l'informatique. Il voulait que je fasse une demande pour récupérer ma citoyenneté et que mes trois enfants puissent tous l'obtenir.

Tosca voulait le rejoindre parce qu'elle pensait que ce serait amusant. Lorsqu'elle avait 13 ans, elle a voulu étudier le français à l'Alliance française, au cas où elle déménagerait au Canada. Elle s'est beaucoup intéressée à cette langue car elle

avait lu que c'était la deuxième parlée au Canada.

J'ai aussi pris des leçons à l'Alliance française. J'avais étudié cette langue à l'école donc j'étais dans le cour avancé. Chaque classe organisait un spectacle et les élèves de la mienne ont dit : « Il nous faut quelqu'un capable de chanter de l'opéra. » Aucun de nous n'avait de talent. J'ai proposé : « Ma fille peut le faire ! »

Ils étaient sceptiques : « Mais elle est dans la classe des débutants. Elle ne sait pas parler français. » J'ai rétorqué : « On va se débrouiller ».

Nous avons loué une robe d'opéra dorée, une perruque et Tosca a fait le spectacle en français. Malgré son très jeune âge et le fait qu'elle ne parlait pas cette langue, elle a relevé ce défi et sa performance fut excellente.

Personne ne l'a reconnue ! Certains ont fait remarquer qu'il était injuste que nous ayons fait venir une chanteuse mais quand ils ont appris que c'était Tosca, qui n'avait que 13 ans, ils n'en sont pas revenus.

Elle était toujours paniquée à l'idée de ne pas être experte en français car en Afrique du Sud, si vous ratiez vos examens d'afrikaans, vous n'aviez pas votre année. Elle était convaincue que nous allions déménager et que si elle arrivait au Canada en ne sachant pas parler français, elle échouerait en classe.

Il a fallu beaucoup de temps pour tout régler. Quand les passeports sont enfin arrivés, trois semaines plus tard, Elon était en route pour le Canada. Il avait 17 ans.

Je lui ai envoyé des adresses et une somme d'argent d'une valeur de 2 000 rands (2 000 $). Cet argent provenait des 100 rands que j'avais gagnés lors de mon premier concours de beauté vingt ans auparavant. Un ami m'avait dit de placer mes gains dans des actions. Lorsque le marché s'est effondré en 1969 et que ces 100 rands n'en valaient plus que 10, j'ai ouvert un compte au nom d'Elon après sa naissance, puis je l'ai oublié. En 1989, j'ai retrouvé ce compte. Il valait 2 000 rands. Maintenant, je pouvais payer son vol et lui donner de l'argent pour survivre pendant quelques semaines.

J'ai écrit à ma famille au Canada pour les informer de sa venue mais, bien sûr, il a atterri avant les lettres. À l'époque, elles mettaient six semaines à arriver.

À l'aéroport de Montréal, il a appelé mon oncle mais pas de réponse. Il m'a jointe en PCV et demandé : « Qu'est-ce que je fais, maintenant ? »

Je lui ai dit d'aller trouver la YMCA (Young Men's Christian Association). Il s'est ensuite rendu à Toronto pour voir un autre oncle, qui n'y était pas non plus. Il a donc pris un bus pour la Saskatchewan pour aller trouver mes cousins.

Il s'est présenté sur leur pas de porte en disant : « Bonjour, je suis le fils de Maye ». C'est là-bas qu'il a eu 18 ans.

Tosca, qui allait sur ses 15 ans, m'a dit : « On devrait peut-être rejoindre Elon. Voir ce qu'il fait. » J'avais été acceptée à l'université du Cap pour mon doctorat et je lui ai répondu : « Je vais passer mon diplôme ici, on pourra y aller après ».Elle a répliqué : « Si on ne déménage pas, j'irai au Canada et Elon s'occupera de moi ».

Je pensais que c'était absurde mais j'ai accepté d'aller voir ce qui se passait. Déménager ne m'intéressait pas du tout mais Elon était déjà là-bas. Kimbal avait dit qu'il voulait y aller quand il aurait fini le lycée et Tosca était très déterminée. Je n'allais certainement pas les laisser y aller tout seuls.

Je pouvais au moins me rendre au Canada et vérifier comment ça se passait.

J'ai trouvé deux diététiciennes qui ont accepté de me remplacer au cabinet pendant que je voyagerais et qui sont restées à mon domicile pour s'occuper de Tosca.

Lorsque je me suis rendue au Canada pour étudier les possibilités, Elon et moi sommes allés ensemble visiter les universités de cinq provinces. Toutes étaient prêtes à m'accueillir, à l'exception de Montréal, où le personnel estimait que mon français n'était pas assez bon pour faire de la recherche.

Je me suis intéressée à l'université de Toronto car elle me payait comme agent de recherche pour dix heures de travail par semaine, ce qui me permettait de gérer mon cabinet, d'étudier et d'être mannequin. Toronto était également le centre du mannequinat au Canada. Et, en tant que membre du personnel, mes enfants pouvaient y étudier gratuitement.

Je suis allée dans les agences de mannequinat de cinq grandes villes. J'étais quadragénaire et je n'étais pas sûre de l'accueil qui m'y serait fait. Toutes m'ont confirmé qu'un mannequin plus âgé pouvait leur être utile.

Revenue à Johannesburg trois semaines plus tard, j'ai découvert que Tosca avait vendu ma maison, mes meubles et ma voiture. Cette jeune fille de 15 ans, mesurant quasiment 1,80 m, qui ne se souciait pas d'être jeune et de n'avoir aucune permission, avait tout vendu. Tout ce qui était dans la maison avait disparu, ainsi que ma voiture.

Tout ce que j'avais à faire était de signer les papiers et c'était fini. Nous avons quitté le pays quelques semaines plus tard avec l'objectif que Kimbal termine ses études et nous rejoigne ensuite.

Beaucoup de gens m'ont demandé pourquoi je n'étais pas en colère contre Tosca. Parce qu'elle n'avait pas tort. Nous avions parlé de déménager au Canada un jour, elle voulait simplement accélérer le processus. Si un membre de la famille met en avant une opinion pertinente, même s'il s'agit d'un changement radical, suivez-la.

Déménager à Toronto était une bonne chose pour notre famille car il s'y trouvait de nouvelles opportunités. Les choses ne pouvaient pas aller mieux pour moi à Johannesburg et j'étais heureuse de m'y trouver mais mes enfants voyaient l'avenir en Amérique. Nous pouvions commencer au Canada. Nous savions que ce serait difficile au début mais, lorsque nous aurions fait nos preuves, cela nous serait bénéfique sur le long terme.

À court terme, l'impression que je n'aurais plus jamais peur de mon ex-mari après vingt ans d'enfer m'a prise de cours. Vivre sans peur est merveilleux.

Même si vous ne savez pas si déménager sera bon pour vous et votre famille, dites-vous que vous pourrez toujours revenir. Mais je ne suis jamais revenue.

S'il est temps d'aller de l'avant, tentez votre chance. Donnez-vous trois ans, essayez vraiment de vous installer. Si votre vie ne s'est pas améliorée et que vous vous sentez vraiment malheureuse, retournez à votre ancienne vie.

Actes bienveillants

Appréciez les bonnes actions

On s'inquiète au sujet de nombreuses choses qui n'arrivent jamais, cependant des choses horribles peuvent arriver sans que nous les ayons prévues. N'essayez pas de les prévoir. Vous pouvez planifier et vous préparer mais vous ne pouvez jamais être sûre à l'avance de ce qui va se passer. Tosca avait tellement peur de la barrière de la langue que nous avons étudié le français pour nous y préparer. Mais quand nous avons déménagé à Toronto, nous avons découvert que personne ne parlait français.

De nombreuses autres choses ont mal tourné. Mais nous avons fait de notre mieux et beaucoup de gens ont été gentils avec nous. Certains étaient des amis, d'autres des inconnus bienveillants.

Juste avant notre départ de Johannesburg, un ami nous a parlé d'une personne à Toronto qui pourrait nous louer un appartement meublé les premiers mois et que je pourrais payer en Afrique du Sud. Le premier de nombreux coups de main. C'était une aubaine car le gouvernement sud-africain allait bloquer mes fonds après mon départ. Je n'étais pas autorisée à prendre plus de 2 000 dollars et je devais payer mon loyer immédiatement.

Tosca et moi avons emménagé dans cet appartement à Toronto. Nous dormions toutes les deux dans le lit de la chambre tandis qu'Elon dormait sur le canapé du salon. Nous sommes arrivées en décembre, un mois d'un froid glacial. Nos vêtements auraient pu être portés à Miami mais n'étaient pas adaptés à de telles températures. Nous avons dû emprunter à ma sœur et à ma mère des manteaux vieux de vingt ou cinquante ans.

Nous avions beaucoup à apprendre. Je ne connaissais pas bien la ville et c'était terriblement déroutant de m'y orienter. Je n'avais pas les moyens d'avoir une voiture, alors je prenais toujours le métro et le bus. Tout ce que je savais, c'est qu'il fallait utiliser un « looney », une pièce d'un dollar, pour prendre le métro et les bus.

Pendant les deux premières semaines, je transportais un énorme sac de pièces d'un dollar pour payer le bus, puis le métro, puis le bus car je devais me rendre dans de nombreux endroits pour les auditions et pour trouver un appartement.

Un jour où j'étais dans le bus, des touristes ont demandé au chauffeur un billet de correspondance. Ils l'ont pris et sont allés dans le métro. Je me suis dit : « Il y a un billet de correspondance ! »

C'était une excellente nouvelle. J'avais trouvé quelques contrats de mannequinat mais je devais parcourir une certaine distance pour les honorer. Maintenant, je pouvais utiliser un billet de correspondance pour aller partout. C'était un tel soulagement de ne plus avoir à transporter ces lourds sacs de pièces, et aussi une économie !

À 42 ans, j'avais hâte d'ouvrir mon cabinet à Toronto mais je ne pouvais pas le faire avant d'être diététicienne assermentée, ce qui signifiait que je devais passer les examens canadiens. En même temps, je devais valider cinq examens de premier cycle à l'Université de Toronto pour accéder au cycle supérieur. Pour m'inscrire, j'ai donc dû passer les mêmes examens que les étudiants fraîchement diplômés qui avaient la vingtaine. Heureusement, j'ai pu étudier en anglais pour la première fois, ce qui était fantastique !

Le jour de l'examen, je devais impérativement faire une publicité télévisée en raison de ma situation financière. Dans un acte de bonté incroyable, l'un des diététiciens du département des sciences nutritionnelles a accepté de superviser mon examen un autre après-midi.

Lors d'une réunion de diététiciens, une collègue a dit qu'elle ne pouvait pas enseigner l'éducation nutritionnelle des enfants dans une école deux soirs par semaine et m'a proposé ce poste. Dans cette université, ils étaient prêts à reconnaître mon diplôme de master scientifique d'Afrique du Sud et n'avaient pas besoin que je sois diététicienne assermentée. Tout à coup, j'avais un autre emploi !

Pendant ce temps, je faisais du mannequinat. Les mannequins étaient faciles à repérer : c'était ces personnes grandes et minces qui portaient un énorme sac. On se coiffait et se maquillait nous-mêmes, et on venait toujours avec nos propres chaussures, accessoires, perruques et postiches. Ce n'était pas comme si je faisais des défilés de haute couture.

J'avais beaucoup d'expérience en mannequinat mais uniquement sur la manière dont les choses se passaient en Afrique du Sud. Lors de la première répétition à Toronto, j'étais « la mère de la mariée ».

La productrice a demandé : « Pourquoi tu portes des sandales ? Il te faut des bas et des escarpins. » Je ne comprenais pas les termes qu'elle utilisait en anglais américain.

J'ai répondu quelque chose qui n'avait rien à voir. Que me disait-elle ? Je ne comprenais pas. Bien sûr, ces mots sont devenus familiers par la suite. Mais comment aurais-je pu deviner à ce moment-là ? C'est le genre de choses qu'on apprend quand on déménage dans un nouveau pays.

Elle a appelé mon agence pour se plaindre. J'étais au bord des larmes parce que j'avais besoin de travailler et qu'on me traitait mal pour avoir manqué de professionnalisme. L'un des mannequins a entendu ces reproches par hasard : « Il y a un magasin à Toronto qui vend des chaussures à 19 dollars ».

J'ai acheté une paire de chaussures argentée et une autre dorée, que j'ai portées à chaque défilé jusqu'à ce que ma situation financière s'améliore. Grâce à l'acte de bonté d'un mannequin.

C'était le milieu de l'hiver et mes bagages avec tous mes vêtements ainsi que mes diplômes avaient disparu lors de mon vol pour Toronto. Le sac rempli des peluches de Tosca était arrivé sans encombre, évidemment.

Jusqu'à ce que mes bagages arrivent, j'ai porté les vêtements d'Elon et de Tosca car je n'avais pas les moyens d'en acheter de nouveaux. Je devais expliquer aux gens pourquoi j'étais habillée si bizarrement.

Je n'arrêtais pas de préciser : « Désolée, mes sacs ont disparu. » Chaque mois, je louais une voiture et j'allais voir la compagnie aérienne à l'aéroport pour demander où étaient mes bagages. Chaque fois, le personnel me répondait : « Désolé, nous ne savons pas où ils sont ».

Quelques mois plus tard, j'expliquais à un homme rencontré à Toronto pourquoi je portais cette étrange tenue. Il m'a répondu : « Comment ça, ils ne trouvent pas tes bagages ? Je t'emmène à l'aéroport. » Par bonheur, il est venu me chercher et je n'ai pas eu à louer de voiture. Il ne savait pas à quel point j'étais pauvre.

Nous sommes allés au bureau de la compagnie aérienne, il est entré et a lancé : « Je suis son avocat. Vous allez trouver ses bagages. » Le personnel a répondu : « Oui, monsieur ».

Il était comptable. Cela m'a fait tellement rire, je n'arrivais pas à y croire. Le lendemain, la compagnie l'a appelé et lui a annoncé : « On a trouvé les sacs à Mexico ». Trois jours plus tard, je récupérais mes deux énormes sacs. L'un était légèrement endommagé, il manquait un pull mais mes diplômes étaient là ! Un merveilleux acte de bonté, de la part d'un homme qui n'était pas avocat.

J'avais un contrat de mannequinat à Mississauga, à 40 minutes de route de Toronto (en voiture). Mais quand je me suis réveillée le jour dit, il neigeait. Si vous devez vous rendre au travail, vous trouvez un moyen d'y aller, même en cas de blizzard. J'ai mis mes chaussures dans mon grand sac et je suis partie. Je devais prendre deux bus, deux métros, deux autres bus, puis marcher plus de 350 mètres pour arriver au studio, dans un mètre de neige.

Je ne voyais pas les trottoirs. Il y avait un lampadaire et une route pour les voitures, alors j'ai supposé que le trottoir se trouvait entre les deux mais je ne voyais rien. J'étais la seule piétonne, progressant péniblement dans près d'un mètre de neige pour atteindre ce studio. Il m'a fallu deux heures pour arriver. Quand je me suis présentée à l'accueil, on m'a félicitée : « Merci d'avoir conduit par ce temps épouvantable. »

J'ai rétorqué : « Non, j'ai pris le bus ». Les gens du studio étaient abasourdis. On a fait le shooting puis je suis retournée affronter l'épaisse couche de neige.

Loin devant, au bout de la route, j'ai vu un bus à l'arrêt. J'ai continué à marcher et le chauffeur a ouvert la porte au moment où je suis passée. Je lui ai demandé : « Vous êtes bloqué ? » Il m'a répondu : « Non, je vous ai vue marcher, alors je vous ai attendue. Vous marchiez forcément pour attraper le bus parce qu'il n'y a nulle part ailleurs où aller. »

J'étais seule dans le car. Un acte de gentillesse très touchant, de la part d'un chauffeur de bus.

La leçon que je tire de tout cela est qu'apprécier la gentillesse des inconnus vous rendra heureuse. Je n'avais pas réalisé combien de personnes s'étaient montrées bonnes envers moi jusqu'à ce que j'écrive ce livre. Puis j'ai commencé à m'en souvenir. La vie a été plus facile parce que des gens ont été gentils. On m'a aidée à me sortir de situations inconfortables, malheureuses ou difficiles, sans rien attendre en retour. C'était des gens bien, et il y en a beaucoup. Appréciez les bonnes choses qui vous arrivent. Lorsque vous êtes dans une situation difficile, cherchez le soutien de votre famille, de vos amis et même d'inconnus. Faites, vous aussi, preuve de bonté envers les inconnus.

PARTIE 4

RÉUSSITE

Une femme au travail

Plus vous travaillez dur,
plus vous aurez de la chance

La devise de mon père était : « Plus tu es dure à la tâche, plus tu auras de la chance ». Les gens disaient à mon père combien il était chanceux d'avoir du succès. On me dit la même chose. Mais ces personnes ont tort. Ma famille et mes amis ont vu combien j'ai trimé, combien j'ai lutté et ils voulaient que je partage cela dans mon livre. Aucun d'entre eux ne m'a dit que j'avais de la chance. Avoir sa photo sur un panneau publicitaire de Times Square ou être une CoverGirl à 69 ans peut sembler être une chance énorme. C'est vrai, mais il faut travailler dur pour créer sa propre chance.

Nous ne pouvions emporter qu'une petite somme d'argent avec nous lorsque nous avons déménagé à Toronto. J'avais travaillé d'arrache-pied et j'avais enfin une bonne situation à Johannesburg mais, comme l'argent de mes comptes était bloqué en Afrique du Sud, j'ai dû tout recommencer.

Mon comptable a pu envoyer un petit montant mensuel pour chaque personne étudiant et, comme nous étions quatre dans cette situation, cela représentait une petite somme qui couvrait les frais de nourriture. Je travaillais comme chercheuse dix heures par semaine, ce qui permettait de payer notre logement social. J'ai commencé à faire du mannequinat tout de suite, ce qui a couvert toutes les autres dépenses.

J'avais commencé à travailler à l'université et j'étais si occupée que je n'avais pas le temps de trouver des écoles pour Tosca.

Elle a rassemblé d'elle-même toute une série de brochures afin de pouvoir choisir une école dans le quartier. Un problème résolu. Mais, quand elle est rentrée à la maison, elle a réalisé qu'elle n'avait rien à faire dans cet appartement où nous logions. Elle s'est donc rendue dans un fast-food à proximité et a demandé un emploi.

Ils lui ont demandé : « Combien de jours voulez-vous travailler ? » Elle a répondu : « Oh, je vais travailler tous les jours. » Ils ont rétorqué : « Légalement, vous ne pouvez travailler que six jours par semaine ».

Ils lui ont ensuite demandé combien d'heures elle voulait travailler. Elle a répondu qu'elle travaillerait 12 heures par jour mais ils ont indiqué qu'elle ne pouvait travailler que huit heures par jour, selon la loi. Elle découvrait ces lois et c'était la première fois qu'elle travaillait pour quelqu'un d'autre.

Elle a immédiatement commencé à travailler dans cet endroit toute la journée puis, une fois en classe, après l'école.

Dans ce fast-food, elle nettoyait les sols ainsi que les toilettes et sortait les poubelles, ce qu'elle n'avait jamais fait auparavant. C'est un monde très différent de celui auquel elle était habituée en Afrique du Sud, où elle avait une chambre conçue selon ses souhaits, avec un placard qui occupait tout un mur. Elle avait la meilleure chambre de la maison.

Maintenant, elle partageait une chambre avec moi et nettoyait les toilettes d'un fast-food. Mais elle a considéré ça comme une aventure. Elle s'est dit que c'était le job, donc, elle l'a fait. Elle ne s'est jamais plainte.

Elle a mangé des hamburgers et des frites tout le mois. Une véritable expérience en soi car il n'y avait pas ce genre d'aliments en Afrique du Sud. Elle a travaillé comme femme de ménage pendant un mois seulement, puis a été promue au poste d'assistante de direction du drive-in.

Puis elle a trouvé un nouvel emploi plus près de chez nous. Cette fois, c'était dans un supermarché haut de gamme et son salaire a presque doublé. Ce fut une leçon financière qu'elle n'a jamais oubliée.

Tosca est une brillante négociatrice aujourd'hui et elle est juste envers tous les gens qui travaillent pour elle. Elle apprécie les personnes qui ont une éthique professionnelle et qui travaillent de longues heures.

Ce n'était pas facile à Toronto mais nous apprenions vite. Je travaillais comme mannequin mais je ne pouvais pas obtenir de carte de crédit parce que je n'avais pas de cote de solvabilité. Toutes mes demandes étaient refusées, ce qui signifiait que nous étions obligés de vivre avec l'argent liquide que nous avions sous la main. Quand je recevais le salaire d'un contrat de mannequinat, nous pouvions nous permettre d'autres achats, tels que des chaussures et des manteaux plus chauds, des draps ou des couvertures pour notre maison.

Peu importe le nombre de banques que j'ai contactées : je ne pouvais pas obtenir de carte de crédit parce que je n'avais pas de cote de solvabilité et, sans carte de crédit, je ne pouvais pas effectuer une demande de crédit. Impossible d'obtenir un bail de location pour une voiture, un bureau ou n'importe quoi d'autre. Aucune banque ne me faisait de cadeau.

Quelqu'un m'a dit que les grands magasins seraient plus indulgents et m'a envoyé demander une carte de magasin pour commencer à établir mon dossier de crédit.

Je suis allé chez Eaton, grand magasin sophistiqué, et le personnel m'a dit non. On m'a expliqué qu'il n'y avait aucun moyen de s'assurer que je pourrais honorer les paiements. Mais sur le mur, accrochée au-dessus du bureau, il y avait une affiche pour la fête des mères, dont j'étais le mannequin et je le leur ai fait remarquer.

Ils étaient ravis et m'ont répondu : « On va vous donner une carte ». Un vrai coup de chance. Puis je me suis souvenue du shooting pour Eaton : j'avais posé un jour de congé à l'université, pris le métro puis le bus pour me rendre au studio. Ça en valait vraiment la peine.

Je suis née avec de nombreux privilèges. J'ai eu de bons parents qui m'ont donné une bonne éducation. Tout en poursuivant mes études à mes frais, j'ai réussi à monter mon affaire dans huit villes de trois pays. En ce qui concerne le mannequinat, je ressemble à ma jolie mère et je tiens ma taille de mon superbe père, bonne pioche. Le mannequinat m'a apporté un petit revenu supplémentaire. Et maintenant, à 71 ans, ce revenu est élevé. Je pourrais appeler ça de la chance, sauf que j'ai travaillé dur dans le mannequinat pendant cinquante ans et que je me donne encore plus de mal pour préserver ma santé et mon poids, chaque minute, chaque heure, chaque jour. Ce n'est pas de la chance. C'est un travail de titan.

Si vous n'êtes pas née dans un milieu privilégié, vous devez trouver votre talent et travailler dur sur celui-ci. Partagez-le avec le monde entier par le biais des réseaux sociaux et avec tous ceux qui vous entourent. Je dirais que vous devez oublier comment vous êtes née. Un dicton affirme : « À 21 ans, on n'est plus orphelin. » Cela signifie que vous êtes responsable de votre vie future. Plus vous travaillez dur, plus il est « facile » d'être chanceuse.

Demandez ce que vous voulez

L'opiniâtreté mène au succès

Quand mes enfants étaient petits, je leur ai toujours appris à demander ce qu'ils voulaient.

Tosca avait 11 ans lorsque je l'ai emmenée voir le concert de la chanteuse américaine Laura Branigan, dont elle était une grande fan. Je connaissais le photographe de la station balnéaire où avait lieu le concert. Il nous a donné des billets car nous n'avions pas les moyens de les acheter. Il a aussi offert à Tosca une photo de Laura sur scène, en train de chanter.

Le lendemain, nous étions assis à une table dans un restaurant et, par un incroyable hasard, Laura Branigan elle-même était en train de déjeuner juste à côté.

Tosca voulait avoir son autographe mais elle était terrifiée. Elle répétait : « Je ne peux pas aller lui demander ». Je lui ai rétorqué : « Si tu ne lui demandes pas, c'est déjà non. Mais si tu lui demandes, il est possible qu'elle dise oui. Donc ta réponse est soit un non, soit peut-être un oui. »

Tosca a réfléchi et s'est décidée. Elle s'est approchée d'elle et lui a demandé.

D'abord, Laura s'est exclamée : « Attends ! Comment as-tu eu cette photo ? » Elle ne l'avait jamais vue. Tosca lui a dit qu'elle venait du photographe présent à la station et Laura l'a signée. Tosca était rayonnante, c'était une grande réussite et elle ne l'a jamais oubliée.

Quand Tosca cherchait des investisseurs pour Passionflix, Kimbal lui a dit que s'ils continuaient à la voir, c'est qu'ils étaient toujours intéressés. Et elle a constaté que c'était vrai.

Si c'est un « non » définitif, passez à autre chose. Mais si ce n'est pas le cas, vous devez essayer jusqu'à ce qu'on vous dise oui.

Chaque fois que j'ai déménagé dans une nouvelle ville, j'ai dû recréer mon cabinet de diététique. En Afrique du Sud, c'était plus facile : les médecins étaient toujours ravis que j'ouvre un cabinet près du leur et ils m'envoyaient des patients immédiatement. Je m'attendais donc à un enthousiasme encore plus marqué au Canada mais ce n'est pas ainsi que les choses se sont passées.

Si je voulais une clientèle, j'allais devoir le demander. J'ai commencé par écrire des lettres aux médecins de Toronto pour leur dire que je pouvais aider leurs patients. J'ai découvert que la plupart d'entre elles étaient ignorées car adressées au gestionnaire de cabinet. Malgré tout, vous pouvez généralement espérer quelques réponses si vous envoyez cent lettres.

Après avoir envoyé la première salve de lettres à Toronto, j'ai cru que mon téléphone était en panne car *personne* ne m'appelait. J'ai commencé à appeler les cabinets et la plupart des personnes qui les géraient m'ont répondu que les médecins ne voulaient pas me voir. En continuant à appeler, j'étais sûre de trouver vingt personnes qui accepteraient de me rencontrer.

Et c'est ce que j'ai fait. Je suivais mon propre conseil : il n'y a aucun oui garanti mais, si vous ne demandez pas, c'est le refus assuré.

Je m'asseyais dans la salle d'attente, parfois pendant une heure, pour avoir un rendez-vous. Je demandais aux médecins de m'envoyer leurs patients qui souffraient de prédiabète, d'hypercholestérolémie ou d'hypertension. Je savais que si je pouvais les pousser à améliorer leurs habitudes alimentaires, leurs analyses sanguines s'amélioreraient elles aussi. Autre avantage : éviter les effets secondaires des médicaments.

Les médecins rechignaient à m'envoyer des patients : « L'assurance ne couvre pas les conseils en nutrition, elle rembourse les médicaments pour perdre du poids. » Ou ils affirmaient : « Les patients ne t'écouteront pas ».

Je savais que les patients m'écouteraient si j'en avais l'opportunité. S'ils m'en envoyaient quelques-uns, je serais à même de leur montrer le résultat. Quand on a de bonnes habitudes alimentaires, on a plus d'énergie et on se sent bien, mais cela demande du temps et de la persévérance. C'était les fondements de mes conseils en nutrition. Quatre médecins m'ont finalement envoyé quelques patients pour essayer.

On n'obtient pas de vrais résultats du jour au lendemain. Un patient peut arriver avec des analyses indiquant une glycémie élevée et, trois mois plus tard, il aura perdu dix kilos s'il a suivi son programme alimentaire. Son taux de glycémie sera normal et son risque de diabète diminuera.

Après que les résultats des patients ont montré une nette amélioration et que les médecins s'en sont aperçus, j'ai commencé à être très occupée. Il m'aura fallu environ six mois avant que je ne reçoive des clients de 7 h 30 à 19 h 30. Les week-ends et les jours fériés, je m'occupais de la paperasse, j'envoyais les rapports des patients et d'autres lettres de présentation accompagnées de brochures décrivant mon travail. J'ai commencé à contacter des journaux, des magazines et des chaînes de télévision pour travailler avec les médias. Ce n'était pas facile, ils n'étaient pas intéressés. J'étais encore une inconnue.

Pour y remédier, j'ai assisté à des conférences de diététiciens tout en donnant des interventions afin d'obtenir davantage d'opportunités de ce genre. Là encore, le processus fut long. J'ai fait une conférence sur la nutrition puis j'ai envoyé des brochures aux entreprises. Puis une autre conférence et d'autres brochures. J'ai fini par donner de nombreuses conférences et être consultante pour le secteur alimentaire. Je suis rapidement devenue présidente de l'association des *Consulting Dietitians of Ontario*, puis présidente de celle des *Consulting Dietitians of Canada*. À partir de là, les médias m'appelaient tout le temps pour me demander de commenter des articles dans les journaux ou me poser des questions sur la nutrition.

En 1994, quatre ans après notre arrivée à Toronto, j'ai donné une conférence pour la *Canadian Dietetic Association*. Il y avait une responsable d'édition dans l'auditoire.

Après mon intervention, elle m'a dit : « Je veux que tu écrives un livre ! » Cela s'est produit uniquement parce que j'ai persévéré.

Certaines femmes peuvent être timides, manquer de confiance en elles ou avoir peur d'être rejetées. Alors, elles n'osent pas demander ce qu'elles veulent. Les hommes ne semblent pas avoir ce problème. Ils pensent qu'ils sont incroyables et qu'ils méritent un meilleur travail, une augmentation, plus d'avantages, le bureau d'angle avec fenêtre, même s'ils sont odieux et incompétents. Les exemples de ce genre sont bien trop fréquents.

Je me souviens d'avoir rencontré une personne qui venait d'être licenciée. Je lui ai demandé où elle allait trouver un autre emploi et elle a dit qu'elle s'en remettait à l'univers.

Je lui ai répondu qu'envoyer un CV pouvait être plus efficace. Si vous envoyez vingt CV et que vous ne trouvez pas de travail : bienvenue dans ma vie.

Rappelez-vous que l'opiniâtreté fonctionne parfois. Pas systématiquement. Si vous demandez et qu'on vous dit non, passez à autre chose. Mais si vous voulez quelque chose, continuez à demander.

Se sentir rayonnante

Ne vous complaisez pas dans les déceptions

Tous mes enfants sont allés à l'université, c'était leur décision. J'étais à l'Université de Toronto et mes enfants auraient pu y étudier gratuitement s'ils avaient choisi la médecine ou le droit. Ils auraient été hébergés chez moi, sans frais de location ni de nourriture. Ils ont préféré se débrouiller seuls. Elon a choisi la physique et le commerce, Kimbal a aussi choisi le commerce et Tosca le cinéma. Ils ont dû obtenir leurs propres bourses et prêts, mais aussi subvenir à leurs besoins, ce qu'ils ont tous fait. J'étais heureuse qu'ils aient choisi d'être indépendants et de suivre leur propre voie. Peut-être en avaient-ils assez de ma soupe aux haricots.

Les gens disaient que j'allais souffrir du « syndrome du nid vide » parce que je vivais pour mes enfants. C'était logique car beaucoup de mes clients étaient tristes lorsque leurs enfants quittaient la maison. Je pensais donc que cela allait m'arriver. Mais ce ne fut pas le cas ! J'ai adoré ces périodes.

Vous n'avez pas nécessairement les mêmes problèmes que les autres. Je me souviens de cette phrase d'un nonagénaire : « 95 % des choses dont on s'inquiète n'arrivent jamais ».

Au moment où Tosca est partie, j'ai dit : « Je n'arrive pas à croire à quel point je suis libre ». Je vivais seule pour la première fois depuis vingt ans. Je pouvais maintenant faire de l'exercice la nuit, ne pas me soucier de la nourriture pour la maison et me promener nue ! Après avoir essayé une fois, j'ai préféré mettre un t-shirt.

Puis j'ai obtenu le contrat pour mon livre. J'écrivais environ cinq heures la nuit et douze heures le week-end. Il m'a fallu trois mois pour écrire mon premier jet. J'avais hâte de le partager avec mes enfants.

Une fois par mois, je rendais visite à l'un d'entre eux. J'économisais 2 000 $ par mois et cette somme devait couvrir mon vol ainsi que tout ce dont ils auraient besoin. Je cherchais les vols les moins chers et je prenais le bus pour aller à l'aéroport parce que je ne pouvais pas me payer la navette. Parfois, je trouvais un vol pour 150 dollars. Le reste de l'argent était pour eux, pour tout ce qu'ils voulaient, que ce soit de la nourriture, des vêtements ou des meubles.

Je suis allée à Wharton pour voir Elon et je lui ai demandé : « Qu'est-ce que tu veux faire ? » Il m'a répondu : « Allons à New York. »

On a pris un train pour New York, on s'est promenés, on a fait les touristes. On était assis au Rockefeller Center et je lui ai donné mon manuscrit à lire. C'était sur les calories, le métabolisme, les nutriments essentiels, des informations fascinantes.

Elon a commencé à le lire et a rendu son verdict : « C'est ennuyeux ». Je lui ai demandé : « Qu'est-ce que tu veux dire ? » Il m'a répondu : « Pourquoi tu vois 25 clients par jour ? Qu'est-ce qu'ils veulent savoir ? »

Je lui ai répliqué : « Ils viennent me voir pour des conseils en nutrition ». « Alors c'est ce que tu dois mettre dans ton livre », a-t-il conclu.

À cet âge, déjà, il montrait des signes de sagesse. Je l'ai écouté. À partir de ce moment-là, chaque fois qu'un patient venait me voir, je lui disais que j'étais en train d'écrire un livre et je lui demandais si je pouvais prendre des notes lors de nos séances, sans mentionner son nom.

Quelle source d'inspiration abondante pour ce livre ! Outre les menus, ils voulaient que je parle d'image et d'estime de soi car je leur disais de changer leur coiffure, leurs vêtements, de se tenir droits et de sourire quand ils venaient me voir.

J'ai parlé de tout cela dans mon livre et lorsque j'ai montré cette nouvelle version à mes enfants, les réactions ont été un peu plus enthousiastes. J'ai reçu de l'aide de toutes parts. Kimbal a relu mon manuscrit cinq fois. Tosca m'a dit qu'elle l'avait fait six fois. Je me souviens que ma mère le lisait à voix haute pour voir comment il sonnait. J'ai eu la chance d'avoir une famille qui s'est entraidée pour réussir.

Lorsque les éditeurs ont dû lui trouver un titre, ils ont choisi *Feel Fantastic*, car c'est ce qu'ils ont ressenti en le lisant. Ils ont également dit qu'ils me voulaient en couverture. Ils ont payé ma séance photo, j'ai fait appel à un photographe que je connaissais et Julia était ma styliste. Je portais un tailleur rouge, le plus cher que je n'ai jamais acheté. Mais j'en ai eu pour mon argent car je l'ai porté à maintes reprises lors de mes entretiens. À l'époque, les réseaux sociaux n'existaient pas et personne ne s'est rendu compte que je portais le même vêtement à chaque conférence.

Enfin, j'ai senti que ma carrière prenait forme. Je faisais de plus en plus de conférences, ce qui a aussi aidé à vendre le livre. L'une de mes interventions a eu lieu au siège de Kellogg's. J'ai parlé de l'alimentation et de l'estime de soi : on se sent mieux et plus assurée quand on a plus d'énergie et qu'on mange des aliments nutritifs. Cela a eu une conséquence géniale : Kellogg's a demandé à mon éditeur l'autorisation de reproduire la couverture de mon livre sur sa boîte de céréales *Spécial K*, dans le cadre de sa campagne de promotion de l'estime de soi des femmes.

J'ai été la première diététicienne à voir son livre figurer sur une boîte de céréales santé, ma photo en couverture ! Je me suis vraiment sentie fantastique ! Kaye était ravie d'aller au supermarché et de voir cette boîte de céréales occuper tout un rayon.

Elle a dit à un inconnu qui passait par là : « C'est ma sœur jumelle ! » Au lieu d'être impressionné, il s'est enfui. Quand Kaye m'a raconté ça, nous avons ri sans pouvoir nous arrêter.

À ce stade, j'avais une grande confiance dans mon cabinet, dans les études de mes enfants et dans mon livre. J'avais été locataire pendant très longtemps et je me sentais prête à relever un nouveau défi à 46 ans : devenir propriétaire. Le moment était venu.

J'avais économisé un peu d'argent et il y avait une belle petite maison de deux étages à vendre à côté de mon bureau à Toronto. Au Canada, il suffit d'avoir une hypothèque de 5 %. La maison coûtait 200 000 $ et j'avais 10 000 $ à la banque. C'était la première fois que j'avais des économies.

Je suis allée à la banque et j'ai rempli ma demande au centre commercial haut de gamme qui m'avait accordé la carte. Je pensais que ça pourrait aider que le manager m'ait vue poser dans leurs locaux. Ils savaient que je travaillais et j'étais sûre qu'ils accepteraient mon dossier. Au bout de deux semaines, je n'avais pas de nouvelles, alors, je suis allée les voir et je leur ai lancé : « Au fait, vous deviez me contacter il y a une semaine au sujet de ma demande ».

Le manager était embarrassé et m'a dit : « Elle a été rejetée ». Pour eux, mes revenus n'avaient pas été assez élevés au cours des cinq dernières années et le fait que je sois l'unique propriétaire représentait un risque élevé pour un emprunt immobilier.

J'étais surprise et abattue. J'avais été une très bonne cliente, ils m'avaient vu poser dans leur centre commercial et là, ma demande était refusée. Cependant, je devais retourner à mon cabinet et je n'avais pas le temps de me complaire dans la déception. Cela signifiait simplement que mon plan était retardé et que je devais économiser davantage pour faire mes preuves.

Pendant ce temps, Kimbal travaillait à Toronto et utilisait le téléphone de mon bureau pour parler à Elon tous les jours. Une fois, la facture de téléphone a atteint 800 $. Je lui ai dit qu'il devrait aller rejoindre Elon. Il a donc déménagé dans la Silicon Valley pour lancer leur première société de technologie, au début du boom d'Internet. Leur première entreprise s'appelait Zip2. Elle proposait des cartes ainsi que des itinéraires porte à porte, et ils travaillaient avec les principaux journaux du monde pour les mettre en ligne.

Il s'agissait d'idées entièrement nouvelles. Je les trouvais bonnes et je me disais qu'elles amélioreraient la vie des gens. Je voulais faire tout ce que je pouvais pour les soutenir. Je leur rendais visite toutes les six semaines alors qu'ils appliquaient leur business plan. Je leur achetais de la nourriture, des vêtements, des meubles et je couvrais leurs frais d'impression. Ils ne pouvaient pas obtenir de carte de crédit aux États-Unis alors ils utilisaient ma carte de crédit canadienne.

Quasi à court d'argent, ils avaient besoin de liquidités pour continuer. Heureusement, j'avais encore 10 000 dollars à la banque. Je leur ai donné parce que je croyais en ce qu'ils faisaient.

La veille de leurs réunions avec des investisseurs en capital-risque, Kimbal et moi sommes allés chez Kinko's pour imprimer leurs présentations en couleur. Je payais parce que c'était un dollar la page. Ce qui était très cher.

Le lendemain matin, nous étions tous épuisés, aucun de nous n'avait dormi. Elon le vivait bien, évidemment : il ne dort jamais. Il était toujours debout tard à coder leur programme.

Ils avaient vu de nombreuses sociétés de ce type et présenté leur idée pendant des mois. Ce matin-là, ils ont rencontré deux investisseurs qui leur ont fait leur première offre. Nous étions fous de joie.

Le soir, je leur ai proposé d'aller dans le meilleur restaurant de la ville. La nourriture était excellente. Nous avions tous l'air exténués et sales mais ils ont été merveilleux avec nous. On aurait mangé dans le premier fast-food, n'importe quoi de rapide, pas cher et ouvert à deux heures du matin. Kimbal m'a dit qu'il se souvenait encore du goût de leur pita fajita au poulet.

L'addition est arrivée, je l'ai payée et j'ai dit : « C'est la dernière fois que vous voyez ma carte de crédit ». Et ce fut le cas.

Pour résumer, j'ai appris qu'il ne faut jamais se complaire dans la déception. Si vous êtes déçue, prenez une autre direction. Si on vous a quittée ou si vous n'avez pas obtenu tel travail, oubliez et poursuivez votre chemin. Si on vous refuse un prêt immobilier, continuez à travailler pour améliorer votre

cote de solvabilité. Tout cela m'est arrivé maintes et maintes fois. Mon mariage et mes relations ne sont pas des réussites. On n'a pas cessé de me refuser des emplois. Ma vie a dérapé au point de changer de villes et de pays.

Dans mes relations personnelles, je me faisais larguer par un gars et j'étais triste pendant six mois, puis trois mois, puis trois semaines, puis trois jours. J'aurais préféré ne pas perdre autant de temps avec ces petites histoires. S'apitoyer sur son sort vous rend inintéressante, ennuyeuse et repousse les gens. Quand mes clients en nutrition paraissaient tristes, je leur disais de se redresser et de sourire. Je ne leur permettais pas de ruiner ma journée. Ils riaient et me remerciaient pour ce conseil. Lorsque j'avais désespérément besoin d'un revenu supplémentaire grâce au mannequinat et que je me voyais refuser un contrat que je pensais avoir presque obtenu, j'avais peur. Maintenant, je m'y suis habituée et je dirais même que j'ai plus de temps pour mon chien. Il est toujours heureux quand je suis là.

Ce qui est bien avec l'âge, c'est que lorsque vous êtes déçue, vous connaissez la musique. Vous vous en remettez beaucoup plus vite.

Mon conseil est de rester aussi positive que possible. Le temps guérit les blessures. Essayez de vous remettre des déceptions plus rapidement que moi. Et pourquoi pas adopter un chien ?

Passer à autre chose

Repartir à zéro pourrait être la meilleure chose que vous ayez faite

Chacun a ses raisons de déménager dans un autre endroit. Votre raison doit être excellente car c'est une étape difficile.

Ma mère a déménagé de Moose Jaw à Regina pour lancer son entreprise et, à l'adolescence, elle a suivi des cours de danse dans de grandes villes comme New York et Chicago. Mon père a quitté la ferme où il a grandi pour devenir chiropracteur et s'est installé à Regina, où il a rencontré ma mère. Lorsque nous avons déménagé en Afrique du Sud, il a choisi Pretoria pour ses magnifiques jacarandas.

Mes premiers déplacements ont été motivés par mes études ou ma carrière. Plus tard, parce que je sentais que je devais le faire ou pour fuir de mauvaises situations. Encore après, je bougeais pour être près de mes enfants ou pour trouver des endroits où je serais heureuse. De plus, j'ai la bougeotte, j'aime explorer et découvrir de nouvelles villes, de nouveaux pays, de nouvelles cultures. Ma sœur jumelle dit que j'ai des fourmis dans le pantalon. Quand mes enfants ont déménagé, ils l'ont fait pour avoir des opportunités, pour faire leurs études et pour fonder leur propre famille. J'ai déménagé pour être près d'eux, loin d'eux, puis à nouveau près d'eux.

En tant qu'adulte, j'ai vécu dans trois pays et neuf villes. Il est éprouvant de déménager et c'est encore plus ardu dans un nouveau pays. Quand la loi canadienne a changé et que j'ai pu transmettre la citoyenneté à mes enfants, au moment où ils ont voulu déménager en Amérique du Nord, c'était des mois de paperasse. Il a fallu faire la queue pour en discuter, s'asseoir dans une salle d'attente pour obtenir des conseils, soumettre des pages et des pages de documents, puis encore d'autres documents. Lorsque j'ai finalement obtenu la citoyenneté canadienne, on m'a dit que je n'avais pas besoin de tous ces papiers puisque j'étais née au Canada.

À Toronto, j'ai déménagé deux fois et trois fois à New York. Je planifie longtemps à l'avance et je n'emballe que les choses qui valent le coup d'être déménagées. J'avais l'habitude d'emporter de nombreux journaux de recherche qui prenaient beaucoup de place, pesaient très lourd et étaient coûteux à déplacer. Heureusement, aujourd'hui, grâce à Internet, il me suffit d'emporter un ordinateur portable. Tout le travail de recherche se fait en ligne. Il faut être très organisée mais vous vous débarrassez ainsi de beaucoup de choses inutiles, physiquement et mentalement !

Même si j'étais heureuse et que je réussissais à Toronto, mes enfants voulaient que je vive plus près d'eux. Je n'envisageais pas du tout de déménager, je pensais vivre à Toronto pour toujours. C'était mon plan mais peut-être était-il temps d'en changer.

Le déménagement aux États-Unis a été encore plus difficile que les précédents. Mon père étant né à Minneapolis, je suis allée au consulat général des États-Unis à Toronto pour essayer d'obtenir la nationalité états-unienne. J'ai attendu pendant des heures avec deux cents autres immigrants potentiels. Ils m'ont donné de nombreux documents à remplir et j'ai dû trouver des pièces attestant la validité de mes déclarations. Il m'a fallu six mois pour me rendre au consulat général et attendre une demi-journée avant de découvrir que je ne pouvais pas obtenir la citoyenneté américaine car mon père avait déménagé au Canada plus de six ans avant ma naissance. Cette piste ne menait à rien. Ensuite j'ai demandé un visa H1B, ce qui a pris des mois.

À 48 ans, j'ai dû étudier seule pour passer les examens américains et exercer la diététique aux États-Unis. Concrètement, je devais apprendre beaucoup plus de biochimie, et ce ce, dans un autre système métrique. Des onces, des livres, des pieds et des pouces au lieu de ce qui est utilisé dans le reste du monde. Vous n'imaginez pas à quel point il était difficile d'intégrer ce deuxième système mais cela m'aide aujourd'hui lorsque je m'adresse à un auditoire international.

À l'époque, j'avais une sciatique terrible et je n'avais pas de vie sociale. Mais je pouvais travailler, non sans souffrir énormément, et m'allonger sur le dos pour étudier. Un bonus, si on veut. Étonnamment, j'ai réussi les examens, vendu mon cabinet de Toronto et emménagé avec mes fils à Mountain View.

Quand je suis arrivée, il n'y avait ni montagne, ni vue. Pas d'enfants non plus, puisqu'ils travaillaient jour et nuit. Kimbal ne se souvient même pas que je suis restée avec lui et Elon pendant trois semaines. À juste titre : ils travaillaient en permanence.

J'ai annoncé : « J'ai besoin d'une vie. J'ai besoin de déménager dans une plus grande ville. À San Francisco ».

Mon budget était très serré car je n'avais pas encore ouvert de cabinet et l'argent gagné en vendant celui de Toronto n'allait pas durer très longtemps.

J'ai emprunté la voiture de Kimbal et roulé jusqu'à San Francisco pour trouver un appartement. Comme je n'avais pas de cote de solvabilité aux États-Unis, je portais un tailleur pour paraître respectable, j'avais un chèque garanti par la banque et j'ai longuement fait la queue, plusieurs fois, pour obtenir une location. Sans succès. Finalement, un agent m'a loué un appartement meublé avec une chambre à Nob Hill et j'ai pu utiliser ma carte de crédit canadienne. Une bonne chose car j'avais emmené peu d'affaires avec moi, principalement des revues et des livres sur la nutrition. Les amis qui me rendaient visite faisaient remarquer à quel point l'appartement était vieillot et pas du tout dans mon style, mais je m'en fichais car c'était une bonne affaire. Le plus agréable était sa bibliothèque au rez-de-chaussée, que j'ai pu utiliser comme bureau.

Une fois encore, j'ai écrit aux médecins pour les convaincre de me laisser voir leurs patients. J'ai donné des conférences dans tout San Francisco, souvent gratuitement, car j'étais une nouvelle venue et j'avais besoin de me faire connaître. Ces conférences non rémunérées étaient généralement mal organisées et peu de gens s'y rendaient. Mais cela m'était égal car il y avait parfois un client. J'ai appris que plus on est payée, mieux on est traitée.

Chaque fois que je donnais une conférence, j'imprimais le programme et l'utilisais pour le marketing. Je l'envoyais à toutes les associations de diététiciens et aux entreprises pour leur faire savoir que j'étais disponible mais très peu ont été impressionnés.

Mon cabinet mettait trop de temps à se développer, l'argent vint à manquer. Au bout de trois mois, j'étais en larmes parce que je n'arrivais pas à payer mon loyer. J'ai appelé mes fils, Kimbal a dit que c'était la première fois qu'il m'entendait m'effondrer et pleurer. Ils m'ont proposé de prendre en charge la location. Cela ne m'a pas plu mais ils ont insisté en disant que, de toute façon, ils n'avaient pas le temps de dépenser leur argent vu qu'ils travaillaient sans cesse.

J'ai commencé à chercher un endroit moins cher qui serait dans mon budget. La seule chose que j'ai trouvée était à la limite de Tenderloin, un quartier difficile. Sale, sombre, des couloirs qui sentent mauvais mais abordable. Mes enfants sont venus avec mes neveux pour m'aider à déménager. Un ami avec un camion a récupéré un lit qu'un collègue m'avait vendu. Nous avons transporté mes quelques affaires dans le studio. Heureusement, je n'avais pas grand-chose.

Une autre diététicienne m'a permis d'exercer dans trois centres de fitness. Elle habitait à 90 minutes de là et ne trouvait pas utile de parcourir cette distance pour voir quelques clients.

Cela m'a aidée pour rester à San Francisco un peu plus longtemps.

Pour mon cinquantième anniversaire, un an plus tôt, mes enfants m'avaient offert une minuscule maison en bois ainsi qu'une voiture, en bois aussi, en me disant qu'un jour, ils m'achèteraient les deux. J'avais trouvé ça mignon. Après avoir vendu Zip2, mes fils m'ont dit qu'il était temps de trouver la maison et la voiture que j'aimerais avoir.

Tosca et moi avons cherché à San Francisco mais elle voulait que je déménage à Los Angeles car elle y vivait. Nous sommes donc allées visiter des maisons à Los Angeles. À ce moment-là, on m'a invitée à faire une conférence sur l'entrepreneuriat en diététique à New York. Quand je suis arrivée, j'ai été époustouflée. À New York, les gens marchent vite, parlent vite, pensent vite et font ce qu'ils disent. Je me suis dit qu'ils étaient comme moi.

J'ai annoncé à mes enfants : « Je déménage à New York ». Ils m'ont répondu : « Comment peux-tu faire une chose pareille ? » Je leur ai expliqué : « J'ai besoin d'un peu d'animation. »

À New York, j'ai dormi sur le canapé du partenaire commercial d'un client et j'ai cherché des appartements à louer parce que je ne connaissais pas du tout la ville.

On m'a indiqué : « Vous devez vivre dans l'Upper East Side ». J'ai demandé : « Je ne peux pas habiter en ville ? » On m'a confirmé : « Non, personne ne vit en dessous de la 42e rue. »

À nouveau, personne ne voulait me louer d'appartement car je n'avais pas de dossier de crédit. J'ai proposé de payer d'avance un an en liquide. On m'a rétorqué : « Il n'y a que les barons de la drogue et les prostituées qui font ça ».

Heureusement, quelqu'un m'a recommandée et j'ai pu loger dans un appartement meublé où on acceptait ma carte de crédit canadienne sur une base mensuelle. J'ai fini par trouver un appartement à acheter, datant d'avant-guerre et situé au dixième étage sur la 22e rue entre Park et Broadway. Il avait de grandes fenêtres avec une vue sur environ trente châteaux d'eau. On m'a dit qu'il était vraiment cool.

Je pensais rester à New York toute ma vie car quand on y est, c'est le centre du monde. Puis j'ai eu un problème de copropriété, comme ça arrive à tout le monde. Ça m'a rendue très triste et toute la magie a disparu.

Les jumeaux de ma fille sont nés et je suis allée à Los Angeles pour l'aider. Elle ne m'a pas laissé retourner à New York alors j'ai vendu mon appartement, donné mes plantes et tout ce qui se trouvait dans ma cuisine, stocké quelques objets et envoyé quelques meubles à ma famille. Je suis restée chez Tosca pendant huit mois puis j'ai acheté un appartement. C'était un excellent déménagement : même si je voyage encore beaucoup, je suis heureuse d'être à Los Angeles, près de deux de mes enfants et de sept de mes petits-enfants.

Déménager est toujours une épreuve, même si on apprend à chaque fois. À chaque déménagement, je planifie à l'avance, je donne tout ce qui ne vaut pas la peine d'être emporté, je vends les objets les plus volumineux et je stocke mes affaires. Tout un processus. Les premières années qui suivent sont toujours difficiles. On se sent seule et perdue la plupart du temps, physiquement et mentalement. Comme je dirigeais ma propre entreprise, je devais informer tous mes clients de mon changement d'adresse, même lorsque je déménageais dans la même ville. Pour moi, cela en valait la peine.

Je ne conseille pas à n'importe qui de déménager, il faut que vous soyez convaincue que cela vous sera bénéfique. Si vous pensez améliorer votre situation, ça vaut la peine d'essayer.

Vous devez avoir une raison valable : vouloir explorer de meilleures opportunités, vous éloigner d'une situation néfaste ou simplement tenter votre chance. Cela pourrait être la meilleure chose que vous ayez faite.

Là où on ne vous attendait pas

Repoussez vos limites

On vous demandera souvent dans la vie de faire des choses qui ne vous mettront pas très à l'aise, comme parler en public. Cette activité en terrifie plus d'un mais elle est assez courante. Vous pouvez être amenée à vous lever et à faire des présentations lors d'une réunion ou pour un client, ou à convaincre un groupe d'investisseurs que ce que vous essayez de faire vaut vraiment le coup.

J'ai toujours eu confiance en moi pour donner des conférences, ce n'est pas un problème. Je suis très à l'aise avec mes connaissances en diététique car je continue d'étudier, je passe 75 examens d'une heure tous les cinq ans pour conserver mon accréditation et me documente chaque jour sur les nouveaux travaux de recherche.

Je me sens aussi très bien dans le monde du mannequinat en tant que « modèle publicitaire », c'est-à-dire que je pose pour des catalogues, des compagnies aériennes, des hôtels, des produits dentaires, capillaires et du maquillage.

Parlons maintenant des situations inconfortables.

En tant que nouvelle venue dans une ville, il est assez inconfortable d'entrer dans une pièce remplie d'inconnus. J'ai déjà abordé ce sujet. Des situations inconfortables se sont aussi produites dans ma carrière de mannequin : j'ai posé nue deux fois depuis mes 60 ans ! Quand le magazine *Time* me l'a demandé la première fois, j'ai refusé : « Non. Je ne fais pas de nu. »

Ils ont continué à insister pour que je fasse ce shooting. J'ai appelé Kimbal et Tosca pour leur parler de cette opportunité. Tosca a répondu : « Tu ne fais pas de nu. » Kimbal avait un autre avis : « Maman, c'est le *Time*. Tout va bien se passer. » Il avait raison, ça s'est très bien passé, finalement.

Si on vous demande de faire quelque chose en dehors de votre zone de confort, ce n'est pas grave de dire non. J'ai dit non à des séances de photos de nu pendant 50 ans. Mais je me suis dit que le magazine *Time* était l'endroit idéal pour essayer. Le photographe était connu et faisait du beau travail, cela en valait la peine.

Je n'étais pas sûre d'être à l'aise avec les préliminaires mais on m'a fait entrer dans une pièce où deux femmes m'ont aidée à me préparer avec une manucure, une coiffure et un maquillage naturels. Tout allait à la perfection.

Elles m'ont fait asseoir par terre, en face d'un miroir, pour que je puisse voir exactement à quoi ressemblerait la photo. Puis le photographe est arrivé, il a pris les photos et il est reparti. Absolument aucun problème à ce niveau aussi.

Ces très belles photos avaient été réalisées avec goût. Finalement, ils ont mis cette photo sur la couverture de la partie Santé à l'intérieur du *Time* au lieu de la faire figurer en couverture.

Mon agent n'était pas contente et elle a dit que le photographe ne l'était pas non plus car ce n'était pas pour cela qu'ils avaient fait appel à nous. Moi je n'étais pas particulièrement mécontente de ne pas avoir une photo de moi nue dans tous les kiosques à journaux. Cela m'allait très bien !

Le magazine *New York* a appelé mon agent du New Jersey, ils souhaitaient aussi que je fasse une séance de photos de nu. Ils voulaient une pose à la Demi Moore, où j'aurais l'air d'être enceinte. J'étais avec Tosca et je lui ai annoncé :

« Tu ne vas pas le croire : ils veulent que je fasse la pose de Demi Moore. » Cette fois, elle m'a dit : « Fais-le ! » Je lui ai demandé : « Pourquoi cela ? » Son argument ? « C'est emblématique ! » Je ne voulais pas le faire mais elle m'a fait changer d'avis.

Ils voulaient un look naturel, avec une lumière crue, l'objectif était que j'aie l'air d'avoir 70 ans. Je n'en avais que 62 mais je devais paraître beaucoup plus vieille que mon âge pour la photo. Ça ne me dérangeait pas. Ça a souvent été le cas.

Je portais des sous-vêtements adaptés et des pastilles sur la poitrine mais je me sentais quand même assez nue.

Ils ont fait venir une femme enceinte au shooting, elle allait avoir son bébé cette semaine-là. Elle avait oublié qu'elle avait un tatouage sous le ventre alors ils ont dû l'effacer numériquement. Nous avons été photographiées toutes les deux puis ils ont photoshopé son ventre sur moi afin de donner l'impression que j'étais enceinte.

La photo a été diffusée dans le monde entier, dans des émissions télévisées et dans les journaux, au sujet du débat : « Est-elle trop vieille pour ça ? Nouveaux parents après 50 ans, la dernière frontière de l'éducation des enfants. »

Pour l'anecdote, j'ai fait un shooting quelques mois après et les gens étaient contents que j'aie perdu mes kilos de grossesse. Je leur ai dit que je n'étais pas enceinte au moment de la photo et que j'avais 62 ans !

Après ça, tout le monde m'a demandé : « Ça te fait te sentir libre de faire des photos de nu ? » Non ! C'était très inconfortable et je me sentais assez mal à l'aise. Si je ne l'ai pas montré, c'est parce que je suis mannequin et professionnelle. Si je l'ai tenté, c'est parce que je faisais confiance à ces deux magazines. Maintenant que je sais ce que ça fait, pas besoin d'essayer à nouveau.

À de nombreuses reprises, sortir de ma zone de confort a été une belle opportunité. Lorsque j'ai dû danser comme Martha Graham pour un shooting, je n'avais pas du tout le niveau. J'ai regardé une vidéo, car je ne suis pas une grande danseuse, et j'ai simplement copié ce que j'ai vu. Certaines des photos ont été prises avec le danseur étoile d'une compagnie de ballet. Il m'a dit de simplement me laisser tomber dans ses bras. Je l'ai fait et c'était merveilleux. Il était si fort ! Les photos étaient fantastiques, j'avais l'air d'une danseuse professionnelle. Le problème, c'est qu'après ça, tout le monde voulait que je danse dans les shootings !

Quand j'ai fait CoverGirl, ils voulaient que je danse sur un toit, en talons. Je leur ai dit que je ne savais pas danser mais ils ne m'ont pas crue à cause de cette histoire de Martha Graham. J'ai dû les convaincre de faire venir une chorégraphe. Ils ont accepté et elle dansait derrière l'appareil, je me contentais de la copier. Depuis, je danse dans beaucoup de shootings. Qui l'aurait cru ?

En réalisant un édito pour le média en ligne Hypebeast, du street wear hip-hop sur le dos pour attirer les jeunes de la génération Y, j'ai montré que les grands-mères pouvaient porter ce genre de fringues et avoir du style. Pour cela, j'ai dû me rappeler comment dansaient les stars de la série *Empire*. J'ai regretté de ne pas avoir regardé cette série plus attentivement mais les gens ont adoré le shooting. Il s'est avéré très amusant et m'a ouverte à un tout nouveau champ de la mode. Grâce à ce shooting, nous avons pu montrer que cette dernière ne connaît pas les limites d'âge.

J'ai appris qu'on peut parfois être mal à l'aise avec un style mais qu'il faut essayer et ne pas se laisser freiner par l'âge.

Insta-célèbre

On n'est jamais trop vieille
pour utiliser une nouvelle technologie

Je suis reconnaissante envers le fait que nous disposions d'une telle technologie. L'apprentissage est frustrant et ennuyeux mais le résultat a vraiment été merveilleux pour moi. La technologie a été très bénéfique pour toute ma famille. Nous n'avons jamais fui les changements susceptibles d'améliorer notre travail, nos vies ainsi que la planète, et la technologie en fait partie.

La technologie a tellement changé depuis mon enfance ! À 8 ans, j'aidais mon père à son bureau en tapant sur une machine à écrire lourde et bruyante équipée d'un ruban qu'il fallait changer à la main. Les machines à écrire se sont améliorées jusqu'à ce que j'ai un traitement de texte à la fin de la trentaine. C'était génial. On pouvait faire des corrections mais pas de sauvegarde. Vous deviez imprimer des pages puis les retaper. C'était le « copier-coller » d'origine : vous coupiez et mettiez des morceaux de papier partout sur le sol, puis vous les colliez dans un certain ordre. Ensuite, vous les retapiez.

J'ai retapé ma première thèse 14 fois et mon premier master m'a pris quatre ans. Mon deuxième n'a pris que 15 mois car j'avais un ordinateur.

Internet n'existait pas jusqu'à ce que je déménage à San Francisco. À cette époque, mes fils étaient à la pointe de la technologie. Lorsqu'ils ont lancé Zip2, ils m'ont demandé d'être la bêta-testeuse de leurs mises à jour. Si je n'arrivais pas à suivre, ils faisaient des ajustements pour que tout le monde puisse l'utiliser.

Une fois, j'ai imprimé un itinéraire porte à porte, ils venaient de mettre leur société sur Internet. Je n'ai pas pu faire le chemin du retour en sens inverse à cause de toutes les rues à sens unique. Il fallait créer des itinéraires pour les retours, ils ont ajouté cette fonctionnalité.

Pour promouvoir mon activité de diététicienne, nous avons passé un marché : en échange d'un exposé sur la nutrition pour leurs employés, ils créeraient mon site Internet. Il comptait quatre pages.

Je pense avoir été la première diététicienne à avoir un site Internet. C'était tellement utile pour le marketing ! En outre, il représentait un changement bienvenu par rapport aux documents imprimés. Mes brochures devenaient rapidement obsolètes à mesure que les informations changeaient. Maintenant, je pouvais simplement renvoyer les gens vers ce site Web car tout ce qu'ils y voyaient était parfaitement à jour. Je fais connaître mon activité de diététique depuis la fin des années 90 via mon site Internet. Grâce à lui, on a fait appel à moi pour participer à de nombreuses conférences, travailler pour les médias et être porte-parole. Vers 2010, j'ai créé un site Web avec mes portfolios de mannequinat, montrant ainsi cinq décennies de travail.

Les réseaux sociaux m'ont été d'une aide précieuse dans toutes mes activités. J'ai utilisé Twitter principalement pour partager des recherches sur la nutrition et d'autres informations intéressantes. Ce réseau m'a permis d'obtenir des interviews et de faire des conférences sur la santé, ce que j'adore aussi. Il est très utile pour obtenir des avis rapidement. Lorsque je publie des travaux de recherche sur Twitter, mes followers ne tardent pas à me faire savoir ce qu'ils aiment ou non, ce dont ils ont besoin ou non. Cela m'aiguille aussi en direction de ce qui intéresse les gens. Je trouve ça génial.

Avec Instagram, après avoir posté des édito au sujet d'une femme aux cheveux blancs qui avait un look différent, nous avons décidé de tenter quelque chose avec Julia et je suis allée à Paris à mes frais. L'objectif était d'investir en moi, ce que nous devrions tous faire de temps en temps. Nous avons créé des looks « street style à 67 ans » pendant la Fashion Week à Paris. Bien qu'à cette époque, je ne sois pas invitée aux plus grands défilés, j'ai préparé chaque moment pour Instagram, en adoptant différents looks dans les rues de Paris. Je me suis habillée avec des tenues de créateurs prometteurs et travaillé avec un photographe français spécialisé dans le street style, rencontré via Instagram.

Cet investissement a porté ses fruits, il m'a ouvert les portes des plus grands défilés de mode, permis d'être CoverGirl et plus encore. Aujourd'hui encore, des années plus tard, ces photos sont la source d'inspiration de nombreux contrats et shootings. Même si ça n'avait pas marché, j'avais passé un bon moment à être photographiée pour produire ces contenus, à m'habiller et à rire avec des amis, nouveaux et anciens. Grâce aux réseaux sociaux, j'ai été engagée par IMG models, je suis devenue la plus âgée des CoverGirls et je n'ai plus besoin de participer à des castings pour des emplois de mannequin.

Les réseaux sociaux m'ont mise en contact avec le monde de la haute couture. Un créateur a vu mes photos sur Facebook et m'a envoyé une invitation à la première de son film à Los Angeles. J'ai emmené une de mes amies, nous ne connaissions personne là-bas. J'ai ensuite publié une photo de la première. Après que j'ai posté une photo de cette soirée, le créateur m'a demandé de participer à son défilé. Je n'avais jamais défilé à la Fashion Week de New York et je l'ai fait pour la première fois à 67 ans, pour de la haute couture. Je portais une magnifique robe blanche et argentée et j'avais l'air d'une mariée, même si j'avais les cheveux blancs. Mes amis dans le public m'ont dit que les invités ont crié et applaudi lors de mon passage. Les gens étaient tellement surpris et heureux de voir quelqu'un de mon âge. Pour le final, le créateur nous a demandé à moi et à un autre mannequin de marcher à ses côtés. Ce fut un moment très spécial.

Maintenant que j'avais vu le pouvoir de Facebook et Instagram, j'ai annoncé sur les réseaux sociaux que je venais à New York. De nombreux photographes m'ont contactée pour me demander si je voulais faire une séance d'essai avec eux. Je leur ai dit oui à tous. On ne sait jamais si les photos seront réussies mais ça vaut la peine d'essayer. Certaines étaient affreuses mais d'autres étaient vraiment très bien pour mes posts et ont donné lieu à de nouvelles demandes de mannequinat.

Beaucoup disent que la technologie sépare les gens ou nous rend solitaires. Mais je n'ai pas constaté que c'était le cas. Elle me permet d'être en contact avec de nouveaux amis, d'anciens amis et des clients potentiels. Je reçois également des invitations de dernière minute d'amis qui voient que je suis dans leur ville et nous pouvons nous parler immédiatement. C'est vraiment incroyable de pouvoir discuter avec notre famille et nos amis à travers le monde, et même voir leurs visages. C'est fou et magnifique. Je peux parler tous les soirs avec ma sœur jumelle sur FaceTime. Mes petits-enfants en Californie s'amusent à jouer en ligne avec leurs cousins de New York ou du Colorado, ce qui leur permet d'entretenir des liens.

Quand je repense à toutes les erreurs de communication lorsque nous devions envoyer un télégramme, téléphoner ou écrire des lettres qui arrivaient six semaines plus tard, je trouve la technologie moderne formidable !

La technologie peut être complexe et chaque nouvelle technologie peut créer des difficultés. Chaque mise à jour vous plonge dans la confusion et vous faites des erreurs. Une fois, après une mise à jour Instagram, j'ai soudainement vu trois vidéos que je ne pensais pas avoir postées et j'ai dû les retirer au milieu de la nuit. Ça peut vous rendre folle. On doit se débrouiller en trouvant des solutions sur Internet, cela prend du temps et c'est frustrant.

Mais cela ne veut pas dire que je suis trop vieille pour ça et je suivrai peut-être l'exemple de ma mère, qui s'est mise à l'informatique à 94 ans, parce que ses mains tremblaient trop pour les arts plastiques. Ce n'est pas une question d'âge. Quand j'avais des internes en diététique de l'université de New York, de l'université de Columbia et d'autres universités qui faisaient leurs stages optionnels avec moi, ils trouvaient que j'étais très calée en technologie, voire plus qu'eux. C'était chouette !

La technologie peut vous ouvrir tellement de possibilités, que ce soit pour les affaires, la santé ou simplement pour le plaisir d'avoir des liens. On n'est jamais trop âgée pour apprendre à utiliser les nouvelles technologies.

Toutes les « single ladies »

Vous pouvez être heureuse en couple
et vous pouvez être heureuse seule

Je donne volontiers des conseils mais pas sur les affaires de cœur. Ma vie a connu de nombreuses réussites, sauf en amour. Je suis sortie avec beaucoup d'hommes et certains m'ont beaucoup plu mais je n'en ai rencontré aucun avec qui je voulais vivre le restant de mes jours. Parfois, je dis que mon conseil en matière de rencontres serait : ne suivez pas mes conseils ! Malgré tout, ma recommandation en amour serait la suivante : vous pouvez être heureuse en étant en couple et vous pouvez être heureuse seule. Si vous ne trouvez pas la bonne personne, trouvez l'amour avec votre famille, vos amis et votre travail.

Si vous pensez que le mariage est la clé du bonheur, parlez à vos amis qui sont mariés. Quand j'étais jeune, personne ne m'a dit qu'on ne pouvait pas être heureuse toute seule.

Dans les années 60, tout le monde se mariait à 20 ans. Personne n'était célibataire. Je serais curieuse de savoir combien de ces couples sont heureux ou encore mariés. C'est merveilleux d'avoir un bon partenaire de vie, comme ça a été le cas pour mes parents, mes frères et ma jumelle. Ils ont trouvé le bonheur. Je ne me suis pas remariée depuis l'âge de 31 ans, c'est-à-dire depuis plus de quarante ans. Les gens m'ont dit que je trouverai l'amour quand je m'y attendrai le moins. Je l'ai attendu le moins possible pendant la majeure partie de ma vie mais je ne l'ai jamais trouvé. J'ai essayé mais je n'ai pas trouvé d'homme qui améliorerait ma vie à un niveau que je ne pouvais pas atteindre par moi-même.

J'ai commencé à sortir avec des garçons à 13 ans à cause de Kaye. Elle avait rencontré son petit ami à l'école de danse où nous travaillions à cet âge-là et, comme elle n'avait pas le droit de sortir seule avec lui, nous avons dû sortir à quatre. Il lui a dit que ça avait été facile de trouver quelqu'un intéressé par moi. Mais j'ai rarement rencontré un jeune homme qui soit assez intéressant pour sortir avec lui. Quand je fréquentais des hommes, ils étaient fous de moi, puis ils voulaient s'éloigner, puis ils étaient à nouveau fous de moi, puis il leur fallait encore leur espace vital. J'appelais ça des relations « Avec toi, mais pas trop près non plus », c'était douloureux.

Quand j'ai commencé à être mannequin à 15 ans, les garçons pensaient que j'étais trop populaire pour être invitée les samedis soir. Ma sœur jumelle et son petit ami m'emmenaient au drive-in, ils étaient toujours partants pour ça. Le samedi soir était une soirée importante pour moi en matière de rendez-vous et j'étais toujours triste quand je ne faisais rien. Quand je me suis mariée, je me suis mise en danger avec un homme violent qui me trompait. J'ai essayé de faire tout ce que mon mari voulait que je fasse et j'étais très malheureuse. Lorsque j'ai fui ce mariage, ma vie s'est améliorée, même si j'ai dû lutter dans d'autres domaines. Après mon divorce, je n'avais vraiment aucune idée de la manière dont on sort avec des hommes. Si un homme m'invitait à sortir, j'acceptais. S'il était ennuyeux ou inintéressant, je ne le voyais plus. Les hommes qui m'ont plu finissaient par me larguer ou me tromper. Surtout par me tromper. Si je me penchais sur leurs relations passées, il s'avérait qu'ils avaient aussi trompé leurs épouses et leurs petites amies. Ils n'allaient pas changer pour moi. L'homme auquel j'étais fiancée au début de la trentaine m'avait trompée, lui aussi.

Par ailleurs, j'avais trois enfants, donc les hommes que je fréquentais devaient les aimer. Or la plupart ne s'intéressaient pas à mes enfants et préféraient qu'ils ne soient pas dans les parages. Et puis, il y avait les hommes qui avaient besoin que je fasse des compromis pour que la relation fonctionne, et je le faisais ! L'un d'eux avait une entreprise de vêtements et il voulait que je porte uniquement ses vêtements en coton tricoté. Il refusait que je porte autre chose alors je portais ses vêtements. Puis il y a eu celui qui a dit que j'étais trop sophistiquée, j'ai donc commencé à porter des jeans et des t-shirts pour lui.

Tous les hommes voulaient que je change alors que je ne leur ai jamais demandé de changer pour moi ! J'ai finalement réalisé que, si je devais avoir une relation, je ne voulais pas avoir à faire de compromis. Et je n'en ai pas fait. Mes relations ne se sont pas améliorées pour autant. Au fil des ans, je me faisais de moins en moins mener en bateau. Si cela peut être d'une quelconque consolation, j'avais retenu la leçon. J'avais été un aimant à abrutis à l'adolescence et dans la vingtaine, et je l'étais toujours dans la trentaine. Au cours de ma vie, je suis sortie avec quelques hommes merveilleux mais aucun avec qui passer le reste de ma vie.

Lorsque j'étais à New York, au début de la cinquantaine, j'ai décidé d'essayer les rencontres sur Internet. Je me suis dit que j'allais tenter 30 rendez-vous et que je ne continuerais pas si je ne tombais pas amoureuse. C'était facile d'obtenir ces rendez-vous : j'avais mis une de mes photos de mannequinat sur le site. Certains hommes avaient mon âge, d'autres vingt ans de plus, d'autres vingt ans de moins. Aucun d'entre eux ne ressemblait à sa photo de profil.

J'ai vite appris que ces déjeuners ou dîners consistaient à écouter un homme se plaindre ou parler de lui pendant trois heures. Ou bien râler sur son ex-femme. Aucun de ces sujets ne m'intéressait vraiment. Ils ne savaient même pas que j'avais des enfants parce qu'ils ne demandaient rien. Ils ne me posaient aucune question sur moi.

Le genre d'homme que je voulais était celui qui serait heureux de me voir après ma longue journée de travail, ou après un voyage pour une conférence ou un contrat de mannequinat. C'était trop demander ? Il semblerait que oui.

À la même époque, Elon avait un teckel et un yorkshire, qui ont eu un chiot. Il m'a donné le chiot. J'ai raconté à Tosca, horrifiée : « Je vis à New York. Pour la première fois, je suis seule. Je n'ai aucune responsabilité, sauf celle de m'occuper de moi. Personne ne sait même que j'ai des enfants. Merveilleux ! Et maintenant Elon veut me refiler un chiot ». Tosca a répliqué : « Ça t'empêchera de sortir avec des cons ». Et vous savez quoi ? Ça été le cas, effectivement.

Quand je voyais des hommes, ils étaient arrogants et irritants. Je n'en pouvais plus de ces longues sessions de plaintes alors j'ai commencé à ne plus prendre qu'un café avec eux. Au bout de trente minutes, je disais : « Je dois aller promener mon chien ». C'était une excuse en or.

Une fois à la maison, j'avais ce chien qui m'aimait à la folie, qui m'a empêchée de sortir avec n'importe qui, de la plus douce des manières. Ça n'en valait pas la peine.

Si vous voulez tomber amoureuse, vous devez avoir des rendez-vous. Vous devez sortir et rencontrer des amis qui ont des amis qui pourraient éventuellement sortir avec vous. Essayez aussi les rencontres en ligne (mais rencontrez-vous dans un café et ne donnez pas de détails sur l'endroit où vous vivez avant d'avoir pris le café ensemble plusieurs fois). Les rendez-vous, c'est difficile. Les relations amoureuses, c'est compliqué. Mais cela ne doit pas vous décourager. Mon chien me rend certes plus heureuse que toutes les relations que j'ai pu avoir, mais j'ai 71 ans, alors n'allez pas déjà dans cette direction. Vous pouvez essayer mais vous pouvez faire aussi ce qui vous rend heureuse. Si vous êtes avec quelqu'un dont vous n'êtes pas amoureuse mais dont vous appréciez la compagnie, votre meilleur(e) ami(e), par exemple, cela peut vous suffire. Si cette personne vous rend plus heureuse que lorsque vous êtes seule, alors, c'est parfait. Mais si vous êtes malheureuse avec quelqu'un, il vaut mieux mettre fin à cette relation. Il n'y a aucun intérêt à être avec quelqu'un que vous n'appréciez pas.

Le monde fait tout un plat des relations amoureuses mais qu'en est-il des amitiés ? J'ai des amis que j'ai rencontrés quand j'avais 11 ans. J'avais la quarantaine quand j'ai rencontré Julia. J'ai de nouveaux amis que j'ai rencontrés cette année.

Lorsque j'ai rencontré Julia, nous avions toutes les deux des difficultés et nous essayions de trouver un moyen d'avancer dans notre vie. Pourtant, nous n'étions jamais en compétition, nous voulions seulement que l'autre réussisse. C'est en partie pour cela que nous sommes devenues des amies pour la vie.

La durée est l'une des composantes d'une amitié réussie. Un autre ingrédient est la manière dont elle vous enrichit. Si vous avez des amis qui vous dévalorisent ou vous disent que vous n'êtes pas assez bonne, ce ne sont pas des amis à garder, ni une bonne source de conseils.

Julia dirait que nous avons toujours été les meilleures supportrices l'une de l'autre et je suis d'accord. Nous apprécions aussi la compagnie de l'autre et avons le même sens de l'humour. Nous sommes ponctuelles et nous aimons travailler dur. Nous sommes toujours en contact et lorsque nous sommes ensemble, nous voyageons beaucoup : Milan, Paris, Doha, Budapest, etc. Lorsque nous sommes éloignées, nous utilisons FaceTime. C'est précieux de se sentir comme chez

soi avec ses amis et de pouvoir être complètement soi-même.

Jusqu'à mes 21 ans, j'ai vécu avec mes parents ainsi que mes frères et sœurs, puis avec mes enfants. Maintenant, j'adore vivre seule. Avec mes amis et mon travail, je reçois beaucoup d'invitations à des dîners ou des fêtes. Notre famille se réunit souvent pour des lancements : il peut s'agir d'un restaurant, d'une nouvelle voiture, d'une association à but non lucratif, d'un film ou d'une fusée. Ou bien mes petits-enfants viennent dormir chez moi et construisent des forts avec les draps et les oreillers.

Ma vie est très remplie avec mes amis et ma famille, sans relation amoureuse, mais j'aime aussi passer une nuit tranquille avec mon chien, DelRey. Même quand c'est un samedi soir.

Ma mère avait l'habitude de dire : « si tu es plus malheureuse quand il est avec toi que quand tu es seule, mets fin à cette relation. Si tu es plus heureuse quand il est avec toi, alors garde cette relation. »

Je suis heureuse de vous annoncer que DelRey et moi avons une très belle relation.

PARTIE 5

SANTÉ

Bien manger rend heureuse

Planifiez vos repas

J'étais interviewée par une jeune femme qui n'arrêtait pas de faire des commentaires sur mon dynamisme : « Vous êtes si énergique ! Vous débordez de vitalité ! » Elle a raison.

J'ai besoin d'avoir beaucoup d'énergie pour me rendre à des réunions, faire des défilés, voyager dans le monde entier pour des conférences, des spectacles et le mannequinat. J'ai besoin d'énergie pour promener mon chien, pour aller chercher mes petits-enfants à l'école et m'occuper d'eux pendant des heures ou des jours. L'énergie me permet de garder l'esprit vif et le moral.

Quand j'étais obèse (plus de 90 kg) et que je donnais des conférences ou conseillais des clients sur une alimentation saine, je disais que la génétique avait pris le dessus car tous les membres de ma famille étaient en surpoids. Je faisais en sorte que ça ait l'air d'une blague, puis je disais aux gens de bien se nourrir et de ne pas manger comme moi. Mais je n'avais pas confiance en moi car j'avais perdu le contrôle. J'adorais manger. Du poulet frit, des frites, des hamburgers, de la crème glacée, du chocolat. N'importe quoi et autant que je le voulais. Ensuite, je faisais un coma alimentaire parce que j'étais très fatiguée d'avoir autant mangé. D'un point de vue physiologique, toute votre énergie est consacrée à la digestion des aliments et il vous en reste peu pour les autres fonctions de votre corps. Quand vous mangez bien, vous avez beaucoup plus d'énergie. Mes clients ont toujours été surpris par cela. Lorsqu'ils changent leurs habitudes alimentaires, ils se découvrent une énergie dont ils ne soupçonnaient pas l'existence.

L'important est de garder espoir et d'être enthousiaste à l'idée de la journée à venir. Ce que vous voulez vraiment, c'est vieillir en bonne santé. Les principales causes des maladies à un âge avancé, comme le diabète, la maladie d'Alzheimer et les maladies cardiaques, sont liées à l'alimentation. Manger sainement est le meilleur moyen de bien vieillir. Cela peut également affecter votre mobilité. Vous ne vous en préoccupez peut-être pas maintenant mais regardez les membres de votre famille et les difficultés qu'ils affrontent. Vous pouvez diminuer le risque d'avoir des problèmes de santé.

Les meilleurs régimes à suivre pour garder votre corps et votre esprit en bonne santé sont le régime DASH, le régime méditerranéen et le régime flexitarien. Tous ces régimes nécessitent une planification préalable.

Votre plan doit toujours commencer par la même étape : écrire votre régime actuel. Lorsque je voyais mes clients, je me renseignais sur leur routine alimentaire quotidienne dans les moindres détails. L'heure à laquelle ils se réveillaient, ce qu'ils mangeaient pour leurs repas et leurs collations, l'heure à laquelle ils mangeaient, les aliments qu'ils choisissaient et l'heure à laquelle ils avaient leurs activités. Cela me donnait une bonne idée de ce qu'ils pensaient manger.

Venaient ensuite la fréquence, le type et la quantité d'alcool consommé. Il est recommandé de boire un verre par jour pour les femmes et deux verres par jour pour les hommes. Les recherches montrent que ces quantités ont des effets bénéfiques sur la santé mais, si vous ne buvez pas, vous n'êtes pas obligée de vous y mettre. Certains clients perdaient beaucoup de poids lorsqu'ils suivaient mes recommandations en matière d'alcool, autrement dit, ils buvaient plus que ce qu'ils pensaient. Certains me disaient qu'ils avaient des gueules de bois et que c'était horrible à vivre. Je me suis souvent demandé pourquoi on s'infligeait ça plus d'une fois. Comme je ne suis pas une grande buveuse, je ne peux pas comprendre ce problème.

L'alcool nous fait aussi perdre notre volonté. C'est le cas pour moi. Après ma boisson préférée (rhum et Coca light), je suis contente de grignoter ce qui passe à ma portée. Il y a rarement de la salade, plus souvent des chips, des frites ou des noix. Je peux en manger beaucoup. Et là, je peux dire adieu à mes objectifs alimentaires. Si vous trouvez que l'alcool vous fait perdre votre volonté, c'est une raison évidente pour diminuer votre consommation.

Je demande à mes clients s'ils boivent du café ou du thé, combien de tasses, avec du lait (et depuis peu, du lait végétal) ou avec du sucre ou un édulcorant. Je recommande trois tasses de café ou de thé par jour au maximum et, de temps en temps, seulement un soda light. Dans mon cas, lors d'une journée normale, je vais boire deux tasses de café, une tasse de thé et, certains jours, je m'accorde un cola light.

Les gens sont toujours horrifiés quand je commande un café avec du lait et un édulcorant. Selon les régimes à la mode, je devrais éviter tout cela mais ça n'a absolument aucun sens. Je ne suis pas intolérante au lactose. Suivez la science, votre bon sens et recommencez à apprécier votre café. J'adore le thé noir avec du lait et un édulcorant. Il paraît que le thé vert est bien meilleur pour la santé car il contient plus d'antioxydants, mais je n'aime pas son goût. Vous n'êtes pas obligée de boire des boissons avec des qualités nutritives si vous ne les aimez pas. Certains thés sont destinés à faire perdre du poids ou à mieux dormir la nuit, mais il faut s'en méfier. S'ils semblent fonctionner, c'est que d'autres substances sont à l'origine de la perte de poids ou de la somnolence.

Il existe de nombreuses raisons en dehors de la faim qui poussent les gens à trop manger. Je demande à mes clients s'ils mangent davantage lorsqu'ils sont anxieux, stressés, fatigués, ennuyés, déprimés, seuls, heureux ou en train de socialiser. Certains diront qu'ils mangent pour toutes ces raisons, d'autres pour certaines d'entre elles. La seule raison valable de manger, c'est d'avoir faim, alors je travaille avec mes clients sur toutes les autres causes. Si vous ne les changez pas, vous ne pouvez pas changer votre façon de manger.

Si vous mangez trop quand vous êtes anxieuse, demandez-vous quelle est la cause de votre anxiété. Est-ce quelque chose qui peut être résolu ? Avez-vous peur de quelque chose qui peut arriver ou non ? Parfois, nous avons peur de choses qui n'arrivent jamais. Bien sûr, à d'autres moments, il nous arrive des choses horribles auxquelles nous ne nous attendions pas et nous n'avons pas pu nous angoisser à leur sujet.

Si vous mangez sous l'effet du stress à cause de votre travail, vous devez décider si vous voulez le changer, lui aussi. Si vous aimez votre travail mais pas vos collègues, comment faire pour changer cette situation ? Pouvez-vous leur parler ? Passer dans un autre service au sein de votre entreprise ? Ou devez-vous réellement trouver un autre emploi ? Vous devez être heureuse au travail et il est plus facile de bien manger quand on l'est. Sinon, vous allez opter pour des aliments réconfortants comme les biscuits ou les muffins de la cuisine du bureau. L'autre option est de manger aussi bien que possible au travail, d'éviter toute tentation à proximité et de garder des aliments sains à votre bureau ainsi que dans le réfrigérateur de la cuisine.

Si vous mangez à cause d'un être cher qui menace de vous quitter si vous ne perdez pas de poids, vous devez prendre une décision. Soyez consciente que ce n'est pas toujours le vrai problème. Dans mon cas, cela s'est vérifié. Je suis tombée à mon poids le plus bas pour rendre mon petit ami heureux. Cela ne l'a pas empêché de me tromper et de se plaindre. Quelques kilos en plus n'étaient donc pas le problème, il s'en est simplement servi comme excuse. Vous devez bien manger pour vous sentir bien, pas pour faire plaisir aux autres.

Si vous mangez trop ou mal lorsque vous êtes fatiguée, alors vous devez avoir les bons aliments à portée de main à tout moment. Mère de trois bébés, il n'y avait pas de repos et je dormais rarement la nuit entière. À l'époque, je ne gardais que des aliments sains à portée de main, afin de ne pas être tentée. Même aujourd'hui, je m'entoure exclusivement de bons aliments.

Si vous mangez parce que vous êtes déprimée, vous devez trouver la raison de votre mal-être et y remédier. Après que mes clients se sont attaqués à ce problème et ont commencé à faire des efforts pour mieux manger, ils se sont sentis plus confiants et positifs. Ils commencent à pouvoir porter leurs vêtements qui étaient trop serrés et ils me racontent des histoires heureuses sur leur vie. Il en va de même pour les personnes qui mangent quand elles se sentent seules ou quand elles s'ennuient.

Certains de mes clients étaient des bons mangeurs. Ces personnes aiment manger, surtout des aliments riches en graisse, en sel et en sucre. Plus il y avait de nourriture sur la table, mieux c'était pour elles. Une étude a montré que si vous présentez à une personne obèse une assiette de pâtes, elle en mangera volontiers la majeure partie. Mais si vous lui présentez quatre assiettes de pâtes différentes, elle s'en réjouira davantage et mangera encore plus. Je comprends ce mécanisme car on se lasse des saveurs s'il n'y a pas de variété. Nous aimons aussi finir tout ce qu'il y a dans notre assiette et, s'il y a quatre assiettes, nous n'arriverons probablement pas à toutes les finir, mais on ne manquera pas d'essayer. On se sent euphorique quand on est en train de trop manger mais on est déprimée le lendemain matin. Il faut travailler dur pour se contrôler même quand vous êtes joyeuse.

De même, si vous aimez les rencontres sociales, que vous buvez quelques verres de vin ou de bière et que vous mangez ensuite les en-cas disponibles (peu probable qu'il s'agisse de salades), il est facile d'abuser de crackers, de fromage, de chips, de cacahuètes, de frites ou de mini-burgers. Toutes les autres personnes boivent et mangent, comment se fait-il qu'elles ne prennent pas de poids ? Peut-être que certaines sont naturellement minces ou peut-être qu'elles ne grignotent pas autant que vous. Si je suis invitée à prendre un verre, je commande généralement un rhum et un Coca light ou un martini fruité, et je regarde s'il y a quelque chose de sain à grignoter. Avec un peu de chance, je tombe sur un amuse-bouche à base de légumes ou de crevettes qui ne sont pas frits. Je ne sors pas non plus dîner après : cet en-cas est mon dîner. C'est si riche en calories que je suis rassasiée et que je n'ai pas d'appétit pour le dîner. Cela demande de l'entraînement, de la volonté, de la vigilance et de la persévérance. Mais je me sens toujours mieux après. Rappelez-vous à quel point vous vous sentez bien après avoir mangé de cette façon et rappelez-le-vous sans cesse.

Un bon programme alimentaire commence dès le matin. Je peux prendre des flocons d'avoine ou un bol de céréales riches en fibres avec du lait demi-écrémé et quelques tranches de banane. Il faut que ça soit simple et rapide. Si vous n'êtes pas créative en matière de nourriture, vous pouvez manger la même chose tous les jours quand vous avez trouvé quelque chose qui fonctionne.

Plus tard dans la matinée, je sais que j'aurai faim, alors je planifie à l'avance et j'ai de quoi manger un fruit et un yaourt, ou du pain complet et du beurre de cacahuète ou d'amande ou de noisette. Ensuite, il y a le déjeuner et une autre collation, car la fin de l'après-midi est un moment où l'on a souvent faim. Considérez qu'il s'agit d'une faim réelle qui n'est pas due à l'ennui, à la fatigue ou au stress. Ne restez pas six heures sans manger, sinon vous aurez trop faim ! Si vous êtes le type de personne qui a du mal à faire les bons choix l'après-midi, n'attendez pas aussi longtemps. Prévoyez de manger une collation nourrissante avant d'être affamée, vers 15 h 30, et vous serez prête à profiter de votre repas à l'heure du dîner.

J'aime dîner tôt et j'aime manger léger le soir. Si je suis affamée, je n'arrive pas à aller me coucher alors je prends un verre de lait ou une petite portion de cottage cheese. Vous noterez que je mange à des intervalles de quelques heures au cours de la journée, pour ne pas avoir trop faim, et que je choisis de petites portions, pour ne pas avoir le ventre trop rempli. Si je suis affamée, cela risque d'avoir un effet négatif sur mon humeur ou bien je vais me sentir épuisée. C'est ainsi que je sais qu'il est temps de prendre mon prochain repas ou de goûter, quand je ressens une petite faim.

Manger plus souvent, choisir des aliments sains en petites portions et attendre d'avoir faim sont les bases d'un bon programme alimentaire.

Je ne suis pas une très bonne cuisinière, je laisse cela à Kimbal. Pendant les vacances, Elon et moi restons à l'écart pendant qu'il prépare un festin dans la cuisine avec l'aide de Tosca. Mais à la maison, il faut bien que je me nourrisse, même si je n'aime pas particulièrement cuisiner. Je prépare souvent une grande soupe, dans le genre soupe au pistou, avec tous mes restes de légumes de la semaine, du riz et des haricots (haricots secs que j'ai fait tremper toute la nuit). Je congèle cette soupe en portions individuelles afin de pouvoir la décongeler, la réchauffer et la consommer au besoin.

Lors de mon 70e anniversaire, mes enfants ont fait un discours dans lequel ils plaisantaient sur la façon dont je les nourrissais quand ils grandissaient : des céréales riches en fibres avec du lait, beaucoup de fruits, des légumes, des sandwichs au beurre de cacahuète et de la soupe aux haricots. Je mange encore de cette façon car une alimentation saine n'a pas besoin d'être compliquée.

Il n'est pas non plus nécessaire qu'elle coûte cher. Mes parents avaient traversé la Grande Dépression et nous avons grandi dans la frugalité. Il n'y avait ni repas onéreux ni gaspillage. Toute ma vie, j'ai mangé en respectant un budget. Je continue à le faire même si je n'y suis plus obligée. Le problème, c'est que les personnes avec des revenus modestes pensent qu'elles ont besoin d'un renforcement du système immunitaire, d'une détox ou de jus énergisants, qui sont chers. Elles croient aussi qu'il leur faut des compléments alimentaires à cause de toutes les publicités. On dit toujours que nous devrions manger bio mais beaucoup de gens ne peuvent pas se le permettre ou n'y ont pas accès facilement. Que cela ne vous empêche pas de manger des fruits et des légumes : il suffit de bien les laver.

Voici quelques idées pour planifier vos repas et collations à l'avance : préparez un sandwich de pain complet au levain avec une purée d'oléagineux, une banane et commandez un café latte. Ou un sandwich aux œufs, ou au fromage et à la tomate, que vous pouvez mettre dans le réfrigérateur au travail. Vous pouvez faire bouillir quatre œufs et les manger sur quatre jours. Mangez une pomme au lieu d'un biscuit pour vous sentir bien après. Manger un yaourt n'a rien de sorcier, ni boire un verre de lait ou de lait végétal lorsque vous êtes pressé. Tout peut être à portée de main si vous vous donnez un peu de mal.

La première fois que vous faites une erreur en ne prenant pas de petit-déjeuner puis en vous jetant sur un croissant à 10 heures du matin, ce n'est pas votre faute. La deuxième fois, là, vous êtes responsable. Vous devez prévoir ces moments. Si vous ne prenez pas de petit-déjeuner, c'est probablement parce que la veille vous avez trop mangé au dîner et que vous n'avez pas faim. Si c'est parce que vous êtes trop pressée, réveillez-vous cinq minutes plus tôt. Je peux manger des céréales pendant que je consulte mes e-mails, vous le pouvez aussi.

Dans mon cas, je n'ai pas le choix. Soit je planifie une bonne alimentation, soit je prends du poids parce que les alternatives qui me restent ne sont pas saines. Je sais que si je mange beaucoup de glucides, j'aurai faim deux heures après. Si je mets des œufs sur mes toasts, j'aurai faim quatre heures après. Les graisses et les protéines vous rassasient plus longtemps car elles sont plus longues à digérer. Malgré cela, j'adore les glucides alors, à la maison, je mange toutes les deux heures. Quand je voyage, je commande des flocons d'avoine dans ma chambre pour le petit-déjeuner. Les portions sont toujours grandes alors j'en mange la moitié à 8 heures du matin, le reste à 10 heures et je vais déjeuner à 12 h 30, sans être affamée. Il est impossible de réfléchir quand on a trop faim et les aliments gras, comme les croissants et les chips de la cafétéria du bureau, sont très tentants et faciles d'accès.

Je dis souvent que je dois avoir un plan à l'avance, sinon je tombe sur une pente glissante qu'il est difficile d'esquiver. Je dois changer de cap tout de suite et manger sainement, au risque de voir les kilos s'accumuler. Si je mange trop au dîner, je prends trois kilos et je suis serrée dans mes pantalons. Il me faut trois jours pour les perdre mais cela arrive de moins en moins chaque année.

C'est ainsi que je procède quand je suis à la maison et j'emporte ces principes avec moi sur la route. Aujourd'hui, je voyage beaucoup pour mon travail et, que je parte pour trois heures, huit heures ou même des semaines, je sais que je dois planifier mes repas. Si je ne peux pas le faire, je réfléchis à l'avance à mon emploi du temps et aux aliments qui pourront être disponibles. En cas de doute, j'apporte une banane qui peut me faire tenir pendant une heure ou deux.

J'ai appris que si, à la maison, j'ai besoin d'un plan pour bien manger, c'est encore plus vrai quand je voyage. L'année dernière, je devais assister à plusieurs événements autour du globe. En l'espace de six semaines, j'ai pris l'avion de Los Angeles à New York, puis de Londres à New York, puis de Milan à Londres et enfin retour à Los Angeles. Dans chaque ville, j'avais des contrats de mannequinat, des rendez-vous, des endroits à voir et un programme bien planifié. Cela demande beaucoup d'énergie.

Premièrement, je garde toujours des en-cas tels que des noix et des fruits secs dans mon sac pour les urgences. Quand on est affamée, on avale n'importe quel aliment aussi vite que possible et il n'y a jamais d'option saine à proximité. J'ai seulement besoin d'une petite collation pour faire disparaître la sensation de faim et m'aider à faire les bons choix alimentaires à mon prochain repas.

Deuxièmement, lorsque je séjourne à l'hôtel, j'appelle pour que le personnel retire toutes les collations de ma chambre avant mon arrivée. Je n'ai pas besoin de tous ces chocolats tentants. Je demande aussi de vider le réfrigérateur car j'ai besoin de place pour ma propre nourriture. Je vais à un marché local pour acheter du lait, des céréales, des fruits, des noix et des yaourts. Je peux même acheter un petit pain complet avec du beurre, du fromage et des tomates, si j'ai besoin d'un en-cas plus consistant.

Troisièmement, je fais mon propre café le matin et j'utilise le lait que j'ai acheté, qui est meilleur que les petits pots de crème à disposition dans les chambres. Je ne veux pas sortir affamée. Pour pouvoir faire les bons choix, j'ai besoin d'avoir dans le ventre un yaourt ou un verre de lait. J'adorerais manger des pancakes mais je sais quel mécanisme se mettrait en route si j'en prenais : je n'arrêterais pas avant d'avoir fini mon assiette. Apprenez de vos erreurs et planifiez à l'avance.

Si je vais au restaurant, une collation avant de sortir m'évite de vider la corbeille à pain avant d'avoir commandé mon repas. Il m'arrive souvent de choisir une soupe de légumes et du pain complet en guise de plat principal. Je ne me précipite jamais et tout est planifié dans ma tête.

De nombreux followers me demandent ce que je mange exactement chaque jour. Voici ce que je mange lors d'une journée type à la maison :

Petit-déjeuner

Je remplis un grand saladier avec des flocons d'avoine, riches en fibres, des cranberries ou des raisins secs, des noix ou des graines de tournesol, le tout en quantité suffisante pour deux semaines. Je secoue le récipient et j'en prélève environ une tasse dans laquelle j'ajoute une demi-banane coupée en tranches et une tasse (environ 240 ml) de lait demi-écrémé.

Café avec du lait demi-écrémé et un édulcorant.

Collation

Un yaourt.

Une pomme.

Une tasse de thé noir avec du lait demi-écrémé et un édulcorant.

Déjeuner

Une tasse de soupe faite maison (genre soupe pistou avec haricots et légumes).

Une heure plus tard

Tranches de pain de blé complet, 2 noix de beurre.

Une cuillère à soupe de beurre de cacahuète et de la salade.

Un verre d'eau.

Une heure plus tard

Une orange.

Collation

Café avec du lait demi-écrémé et un édulcorant.

Quelques noix.

Dîner – 18 heures

Salade composée d'environ 240 g de laitue, d'oignon, d'une demi-tomate, d'environ 60 g de pois chiches, d'un œuf à la coque, d'environ 30 g de saumon en conserve, d'1 cuillère à soupe de graines de tournesol, de 2 cuillères à soupe de vinaigrette.

Collation

1 tasse de lait demi-écrémé ou ½ tasse de cottage cheese, 12 grains de raisins.

Recette de soupe :

Je fais tremper toute la nuit un mélange coloré de légumineuses (haricots blancs, rouges, de Lima, pois chiche, lentilles corail...). Le lendemain, je fais bouillir le tout 1 h 30.

Les 20 dernières minutes, j'ajoute du riz sauvage ainsi que les légumes et les assaisonnements dont je dispose.

Appréciez à nouveau la nourriture

Il n'y a pas de recette miracle

De nos jours, on parle beaucoup des super aliments tandis que plein de gens sont terrifiés par le pain. On a peur du lait. On a peur de manquer de protéines. Tout le monde veut des protéines en poudre, des compléments protéinés, des barres hyperprotéinées. Pourquoi ? Je l'ignore. De mon point de vue de diététicienne dans le privé depuis 45 ans, personne n'a jamais manqué de protéines. Mais les gens ne veulent pas entendre la voix de la raison, ils veulent une recette magique.

Je suis souvent heureuse d'avoir arrêté le conseil en diététique il y a cinq ans car les régimes à la mode ont supplanté tout bon sens. Maintenant, je me consacre au mannequinat et aux conférences, je suis payée pour dire à l'auditoire de suivre la science et le bon sens. Il est grand temps !

Il est vrai que ces régimes entraînent une perte de poids rapide en bannissant vos aliments préférés, les aliments ultra-transformés, les aliments riches en graisses et l'alcool. Des gens ont essayé de manger sainement et ont échoué de nombreuses fois. Il est difficile d'éviter la tentation et ces personnes trouvent plus facile d'exclure complètement un groupe d'aliments. Par exemple, exclure complètement les glucides signifie qu'on ne mange ni pizza, ni chips, ni frites, ni pâtes, ni pain, ni desserts. Elles trouvent cela plus facile car elles ne comprennent pas que bien manger signifie aussi limiter ces aliments riches en calories. Lorsque je leur dis que, durant toute ma carrière de diététicienne, personne n'a pris de poids à cause du pain complet, elles trouvent cela logique. Mais elles ne mangent pas de pain complet et préfèrent prendre un bagel ou un croissant. Elles ne prennent pas d'aliments riches en fibres et c'est justement ce point qu'elles doivent changer.

Mangez des céréales, du pain et du riz complets riches en fibres, des légumineuses, des noix, des fruits et des légumes. Je sais que la plupart des gens ne mangent pas de légumineuses et que très peu mangent suffisamment de fruits et de légumes. On pourrait croire que cela relève du bon sens et c'est le cas. Lorsqu'un régime vous conseille de manger du bacon en guise d'en-cas au lieu d'un fruit, vous devriez vous dire : ce n'est pas une bonne idée. Mais au lieu de cela, vous pensez : miam, je peux manger du bacon.

Si vous suivez un régime sain et que vous remplacez vos aliments préférés par des aliments nutritifs riches en fibres, que vous évitez les aliments ultra-transformés, les aliments riches en graisses et l'alcool, vous pouvez savourer vos repas sans tomber dans l'excès. Vous éviterez aussi d'être casse-pieds aux fêtes et aux dîners.

Le régime sans gluten a connu un véritable essor et tout le monde a à nouveau perdu son bon sens. On pense qu'un biscuit sans gluten est meilleur qu'un fruit ou qu'une tranche de pain complet. Le marketing est très astucieux. C'est assez drôle : quand je demande aux gens s'ils apprécient la soupe à l'orge, ils me répondent oui. Je dis qu'elle contient du gluten. Ils disent qu'ils ne sont pas allergiques à ce gluten-là. L'expression faciale qui me tient lieu de réponse ne m'attire généralement pas les faveurs de qui que ce soit. Le seigle contient également du gluten mais cela ne semble pas poser de problème non plus.

Dans les aliments industriels sans gluten, le gluten est remplacé par d'autres ingrédients qui peuvent ne pas vous convenir. Si vous avez des problèmes d'estomac, cela peut en être la cause. De plus, les produits sans gluten ne sont pas aussi savoureux que les autres.

Si le fait de manger sans gluten signifie pour vous ne pas manger une pizza entière tous les soirs, perdre du poids et se sentir bien dans sa peau, pourquoi n'essayez-vous pas de remplacer une pizza entière par un sandwich au blé complet ? Vous n'avez pas besoin de pousser votre démarche à l'extrême et d'embêter tout le monde. La plupart des gens ne savent pas où se trouve le gluten ni de quoi il s'agit. Quelqu'un va me dire : « Je suis un régime sans gluten et hyperprotéiné ». Je réponds à cette personne que le gluten est une protéine, elle ne le sait pas et ne prend pas la mesure des informations que je lui donne.

Les gens veulent de l'espoir. Les régimes à la mode en donnent, ils permettent parfois de perdre rapidement du poids grâce à des restrictions extrêmes et à un apport calorique plus faible. Par conséquent, ils restent populaires.

Quand j'étais étudiante en nutrition, j'ai été interviewée à la radio. Mes professeurs et tous les membres du département de diététique étaient afrikaans et ne parlaient pas anglais, c'est donc moi qu'ils ont envoyée. J'avais l'impression de ne pas être qualifiée parce que je n'étais pas diplômée. J'avais étudié tous les macro et micronutriments essentiels et le cycle de Krebs pour le métabolisme, je me sentais dans une forme olympique. J'ai constaté qu'on me posait des questions du type : « Les pommes de terre font-elles grossir ? » J'ai vite compris que les gens voulaient seulement des informations basiques, que la physiologie et la biochimie ne les intéressent pas.

Les chercheurs ne comprennent pas pourquoi le public croit à ces régimes en vogue. Il y a 35 ans, un prestigieux chercheur en nutrition de 80 ans de l'université du Witwatersrand à Johannesburg a été invité à donner des conférences. On a eu besoin de moi pour l'amener avec sa femme. J'ai été utile car, après son brillant exposé sur la nutrition et les dernières recherches, on lui a demandé ce qu'il pensait du régime Atkins. Il ne savait pas ce que c'était. Je pouvais répondre à cette question et lui faire savoir qu'il existait un best-seller qui préconisait une alimentation riche en graisses animales et pauvre en glucides. Cela l'a troublé car les recherches n'avaient pas montré que ce régime était sain. Les régimes tendance existent depuis longtemps mais ils ne changent pas votre mode de vie et on a du mal à les suivre sur le long terme. Le régime sans gluten entraîne une perte de poids continue si vous le suivez car il proscrit les pizzas et les biscuits. Or, vous devez manger les aliments que vous appréciez et opter pour une alimentation équilibrée, économique et pleine de saveurs. Les régimes à la mode nécessitent autant de planification qu'une alimentation saine et nourrissante.

Je déjeunais à Londres avec deux femmes très intelligentes et accomplies qui parlaient de leurs fabuleuses diététiciennes. Elles me disent : « Elles nous font faire une prise de sang tous les mois ». J'ai demandé : « Pourquoi vous font-elles faire ça ? – Oh, parce que nos hormones sont toutes déréglées. » Et j'ai répondu : « Du coup, vous devez leur acheter des pilules à avaler ? – Oui, oui, il faut acheter toutes leurs pilules. – Et combien de milliers de dollars par mois cela vous coûte-t-il ? – 5 000 $ pour le test et quelques milliers de dollars par mois. »

J'ai rétorqué : « Vous pouvez arrêter tout ça. – Oh, non. On va prendre du poids. Elles nous ont vraiment sauvées. »

Et je me suis enquise : « Mais est-ce que vous mangiez mal avant de les rencontrer ? Qu'est-ce que vous avez changé dans votre alimentation ? – Je mangeais beaucoup de fromage alors j'ai totalement arrêté et j'ai perdu du poids. »

J'en ai conclu : « C'est la seule chose dont vous aviez besoin : arrêter le fromage ».

Elles n'ont pas apprécié mon raisonnement et ne m'ont pas écoutée. Elles continuent de consulter ces diététiciennes qui n'ont aucune qualification.

Certaines personnes dépensent aussi beaucoup d'argent pour des jus de fruits à 40 dollars la bouteille. C'est ridicule. Si vous aimez vraiment les jus, faites-les vous-même afin de bénéficier de toutes les fibres contenues dans les légumes et les fruits. Vous pouvez obtenir des nutriments supplémentaires avec des céréales ou des boissons enrichies qui ont été testées, qui contiennent bien les ingrédients indiqués sur l'étiquette et ce, dans les bonnes quantités.

Il n'y a aucun secret derrière une alimentation saine : il suffit de faire confiance à la science et au bon sens. Chaque fois que vous vous demandez si vous pouvez ou non manger un aliment, allez sur Internet pour trouver des sources fiables telles que des travaux d'universitaires ou des articles écrits par des diététiciens. Ne lisez pas d'articles écrits par des médecins qui n'ont pas ou peu de formation en nutrition mais qui ont sorti un best-seller, ni ceux produits par un nutritionniste holistique (quel que soit le sens d'un tel titre), par des entraîneurs de fitness, par des gens qui essaient de vous vendre des jus, des poudres ou des pilules.

Les diététiciens vous veulent simplement en bonne santé et leurs tarifs sont beaucoup moins élevés. Ils vous mettront en confiance pour bien manger et contrôler vos habitudes alimentaires. Les gens ne connsaissent pas la différence entre les diététiciens-nutritionnistes ou diététiciens assermentés et les nutritionnistes. Les deux premiers sont des experts en nutrition, ils sont diplômés d'une université et ont fait leur internat dans un hôpital. Ils sont capables de séparer les faits réels de la fiction, de planifier des repas et de vous aider à appliquer la science de la nutrition sous forme de choix alimentaires sains. Ils comprennent l'importance du régime alimentaire dans la prévention et le traitement de nombreuses maladies telles que les diabètes, le cancer, l'hypertension, les maladies cardiaques et leurs conseils peuvent améliorer votre qualité de vie.

Puis, il y a les coachs en nutrition. Ils n'ont pas besoin d'avoir des qualifications mais ils peuvent avoir des convictions qui ne sont pas fondées sur la recherche. Leurs tarifs sont généralement plus élevés et ils vendent des produits. Ne vous laissez pas berner ! Avant de signer un chèque, vérifiez les références de la personne que vous consultez. Les titres officiels sont un bon indice. Même si une personne est titulaire d'un doctorat en médecine, réfléchissez à ce qu'elle essaie de vous vendre avant d'accepter son programme. Quiconque prêche la peur de manger des aliments normaux ou promet des remèdes et des miracles grâce à des suppléments, poudres ou des produits dont les bienfaits n'ont pas été démontrés, ne cherche pas à vous aider mais à faire grossir son portefeuille. Cette personne remédie à votre insécurité, pas à vos problèmes de santé.

Oubliez les modes. Vous n'avez pas besoin de manger du chou kale pour être en bonne santé ! Vous pouvez mais ce n'est pas une obligation. Je suis super-goûteuse, ce qui signifie que je ressens les saveurs plus intensément que la moyenne, ainsi, je trouve certains aliments trop amers, comme le chou kale. Je n'aime pas ça alors je n'en mange pas. Je mange d'autres légumes, ceux que j'aime.

Il y aura toujours des gens qui seront déçus que vous ne mangiez pas de chou kale. Dites-leur que ce n'est pas le secret d'une bonne santé.

Le « secret » d'une bonne santé consiste à manger plus de fruits et de légumes, des céréales complètes, des légumineuses et des produits laitiers. Mais aussi à manger ce que vous aimez, en petites portions et lorsque vous avez faim.

Le meilleur plan pour votre santé est un plan durable auquel vous vous tiendrez, même si vous êtes stressée, fatiguée ou trop occupée pour y prêter attention.

Vous n'avez pas besoin d'une pilule. Vous avez besoin d'un plan.

Les chocolats repartent avec les invités

Épargnez-vous les tentations

Les confusions et les tentations pavent le chemin menant aux mauvais choix alimentaires.

Quand il s'agit de tentation et que vous n'avez pas de plan à l'avance, les aliments à portée de main sont généralement riches en graisse ou en sucre, des chips ou du chocolat, par exemple. Une fois qu'on commence à les manger, impossible de s'arrêter. Ce sont des aliments « déclencheurs » et on ne peut pas y résister, on ne peut pas s'arrêter d'en manger. Nous pouvons en consommer même en étant rassasiées. J'ai toujours de la place pour des frites ou des chocolats, même si je me sens repue.

Lorsque j'exerçais en cabinet de diététique, le premier objectif que je donnais à chacun de mes clients était de prévoir des collations saines à proximité : un yaourt et un fruit, ou une tranche de pain et du beurre de cacahuète. Je disais souvent : mangez trois pommes avant de manger un cookie. Ils n'arrivaient jamais à manger le cookie car ils étaient rassasiés après une seule pomme. C'est donc une bonne stratégie. Parfois, je mange trop de légumes et de fruits et je prends un peu de poids, mais pas autant que si je m'étais gavée de junk food.

Après un énorme et délicieux dîner pour fêter un anniversaire, les serveurs ont apporté des desserts et je n'ai pas hésité à me faire plaisir. J'étais assise à côté d'un homme mesurant 1,80 m, qui a fini par me lancer : « Tu manges plus que moi ».

Je lui ai dit que je ne mangeais pas toujours ainsi mais que ça valait le détour. Ces desserts étaient délicieux ! Le moindre centimètre carré dans ma bouche exultait. J'ai pris un kilo et demi environ. Le lendemain, je suis retournée à mon alimentation habituelle et saine et il m'a fallu une semaine pour perdre ce poids. À la vingtaine, je pouvais y arriver en deux jours. À 70 ans, ça prend une semaine. Mais parfois, les excès en valent la peine.

Si vous vous faites plaisir, faites-le par amour du goût, pas parce que vous y avez été poussée par un sentiment de tristesse ou de stress. J'ai appris avec le temps à ne pas gaspiller mes calories dans des desserts qui ne sont pas terribles.

Devenir exigeante est utile. J'étais à une réunion où il y avait un grand assortiment de biscuits et je ne voulais pas y résister, alors j'ai choisi celui qui semblait le plus déraisonnable, au chocolat et aux noix. Après une seule bouchée, j'ai constaté qu'il n'avait aucune saveur. Il était très décevant et ne valait pas la peine d'être mangé, alors je l'ai laissé dans mon assiette et je n'y ai plus touché.

Si vous goûtez un aliment ou un plat qui ne vous ravit pas, laissez-le.

Quand les gens m'apportent des chocolats et des friandises, ils sourient très gentiment mais je suis horrifiée. Je leur dis qu'ils ne peuvent pas m'apporter ce genre de nourriture parce que je vais tout finir. Alors ils me conseillent de n'en manger qu'un seul par jour. Or ce n'est pas dans mes gènes. Ils doivent les ramener chez eux ou je les donnerai. Voire les jeterai, si je ne trouve personne à qui les donner. Je ne veux pas m'infliger le stress d'une tentation permanente dans ma cuisine. Je ne peux pas garder de friandises chez moi car elles déclenchent une envie de manger. Qu'est-ce que cela signifie ?

Ça veut dire que si je croque un petit morceau de chocolat, la réaction est immédiate : mes papilles palpitent de plaisir et j'ai envie de dévorer toute la boîte. Pour beaucoup de gens, ce sera quelque chose de salé, comme des chips. Pour d'autres personnes, ce sera la crème glacée. L'important est de savoir quels sont les aliments qui déclenchent de telles envies chez vous. Si vous avez un aliment déclencheur, quel qu'il soit, gardez-le hors de la maison et hors de portée.

Ces aliments sont en relation étroite avec la perte de poids mais aussi avec le fait de potentiellement se décevoir. Cela joue sur notre humeur, or nous ne voulons pas être malheureuse.

Si vous mangez sous l'effet du stress, ou si vous mangez trop, ne perdez pas encore plus de temps à ruminer là-dessus. Ne pas se sentir coupable constitue une excellente stratégie. Demandez-vous plutôt : « Est-ce que j'ai aimé ça ? » Si la réponse est oui, ne culpabilisez pas. Continuez comme si de rien n'était. Au repas suivant, mangez des fruits et des légumes, des protéines maigres, des céréales complètes et des légumineuses. Le lendemain, reprenez votre routine saine. Vos repas n'ont pas à être parfaits. Et vous non plus. Un seul repas trop riche ne détermine pas tout un mode de vie sain. Si vous mangez sainement 80 % du temps, vous vous sentirez bien dans votre peau en permanence.

Si la réponse est non, faites en sorte de vous rappeler la prochaine fois qu'une collation peu équilibrée ne vous a pas aidée. Alors, à quoi bon ?

Concentrez-vous sur le souvenir des bonnes sensations qui accompagnent les choix alimentaires sains et raisonnables. Si vous mangez des aliments équilibrés, dans les quantités adéquates, vous vous sentirez revigorée et bien nourrie.

Il est tellement plus facile de planifier une bonne alimentation quand on est à la maison. Ne dépensez jamais votre argent pour des aliments qui saboteront vos habitudes saines. Si vous avez des enfants, achetez une friandise qu'ils aiment, pas celle que vous aimez. Quand je voulais offrir des friandises à mes petits-enfants, je les laissais choisir des petites glaces ou un biscuit individuel. De cette façon, il ne me restait pas toute une boîte à finir.

Ayez conscience de vos faiblesses, évitez d'avoir à proximité ce qui risque de vous tenter et vous vous sentirez mieux chaque jour.

En mouvement, toujours

Choisissez des activités qui vous plaisent

Quand je suis chez moi, je sors marcher tous les jours. Plus précisément, je fais quatre petites promenades parce que mon chien veut que je le sorte. Mais cela me fait du bien aussi, j'aime la sensation que procure une promenade agréable, et DelRey aussi.

J'encourage la pratique quotidienne d'une activité. Cependant, je ne crois pas qu'il faille pousser au point d'en souffrir. J'ai appris avec le temps qu'une bonne forme physique n'a pas besoin de faire mal.

Je n'ai jamais été douée en sport. Quand j'étais jeune, j'étais l'intello et Kaye était la sportive. Elle excellait en sport et ses enfants aussi. Ce n'est pas mon cas, ni celui de mes enfants.

Vous devez simplement prévoir une activité quotidienne. Si mes clients ne sont pas actifs du tout, je cherche à savoir ce qu'ils sont prêts à faire. Aiment-ils marcher, courir, jouer au tennis, aller à la salle de sport ? Il faut que ce soit quelque chose qu'ils apprécient. Dans les cas d'obésité morbide, je demande simplement de marcher lentement 30 minutes par jour car je ne veux pas faire peser une trop forte pression sur le cœur, les genoux et le dos avant qu'ils aient perdu entre 10 et 20 kilos environ.

S'ils n'ont pas le temps de pratiquer une activité, je leur demande de marcher sur place et de faire des étirements en regardant la télévision. C'est ce que je faisais quand mes enfants étaient jeunes. Je n'ai commencé à aller dans une salle de sport qu'au milieu de la quarantaine, lorsqu'ils avaient quitté la maison et que je pouvais me permettre de payer un abonnement. Je suis sûre que mes enfants étaient gênés lorsque leurs amis venaient et que je faisais de l'aérobic devant eux mais je m'en fichais.

Pratiquer une activité n'entraîne pas de perte du poids mais cela motive à se sentir bien, ce qui contribue à en perdre. Par ailleurs, il est essentiel de bouger pour être en bonne santé. En écrivant ce livre, je prends le temps de m'étirer sur mon tapis de yoga dans mon salon, de promener mon chien et de faire 40 minutes d'exercice par jour, 30 minutes sur un vélo d'appartement et 10 minutes avec des poids légers.

À l'époque où j'écrivais mon premier livre, je faisais beaucoup d'exercice avec du step et du yoga le soir. J'en faisais trop et j'ai commencé à avoir des douleurs aux fesses. Du coup, j'ai fait encore plus d'exercice. La douleur s'est propagée dans ma cuisse, puis dans ma jambe droite. C'était tellement douloureux que je ne pouvais plus toucher mes genoux. Si je faisais tomber quelque chose par terre, je le laissais là pendant quelques jours, jusqu'à ce que je puisse supporter la douleur et me mettre à quatre pattes pour ramasser ce que j'avais fait tomber. M'installer dans la baignoire prenait une demi-heure. Seule une personne qui a connu cette sensation de brûlure extrême le long d'une jambe sait à quel point c'est douloureux. Vous avez l'air en bonne santé mais vous ne pouvez ni vous asseoir ni vous lever. Je suis allée voir six chiropracteurs, ils ne voulaient pas me manipuler parce que j'avais une double hernie discale. Je suis allée voir des massothérapeutes, ils avaient peur de me toucher aussi. Je pouvais marcher sans avoir mal mais tout autre mouvement provoquait une intense brûlure dans ma jambe. C'est étrange de paraître en bonne santé et de se plaindre de douleurs.

J'ai appelé mon frère, qui est neurologue, et il m'a envoyé chez un neurochirurgien. Heureusement, les chirurgiens au Canada ne sont pas payés plus cher s'ils opèrent donc ils ne le font pas, sauf s'ils estiment que c'est essentiel.

Ce chirurgien a dit qu'il ne voulait pas opérer tant que mon pied n'était pas insensible, autrement dit pas tant que mes nerfs n'aient cessé de fonctionner. J'ai dit que je m'en fichais et qu'il devait juste faire disparaître la douleur. Aujourd'hui, je suis heureuse qu'il ait procédé de cette manière car mon pied a guéri en huit mois. J'ai beaucoup d'amis qui ont subi une opération du dos et cela aurait peut-être été mieux pour eux s'ils avaient supporté la douleur.

Quoi qu'il en soit, je devais travailler ! Quand je faisais des défilés, il fallait deux habilleurs pour moi, un pour m'aider à enfiler mes vêtements par le bas et l'autre, par le haut. Je faisais parfois huit défilés par jour. Je m'allongeais sur le sol, les pieds sur une chaise, de temps en temps. Les gens avaient du mal à croire que j'avais vraiment très mal, car j'avais l'air d'aller bien quand je restais debout.

J'étais consultante pour une entreprise et je voulais me rendre à une réunion de recherche à Philadelphie, j'adore écouter ce que les scientifiques ont à dire. Voyager en avion était particulièrement douloureux mais je n'allais pas rater cette réunion à cause de cela. J'avais apporté mon rouleau lombaire avec moi et je l'utilisais chaque fois que je m'asseyais.

Une fois à la réunion, j'ai dû m'allonger sur le sol, les genoux sur une chaise.

Après, nous allions tous dîner dehors. Une des scientifiques lança : « Heureusement, nous n'aurons pas besoin de trouver une chaise pour Maye : elle s'allongera par terre. »

J'ai cru que je ne serais plus jamais en bonne santé. Je regardais les gens faire du jogging ou de l'exercice et je me disais que je ne pourrais plus jamais faire ça. J'enviais les gens qui pouvaient se déplacer et s'asseoir sans douleur. Tout ce que je voulais, c'était me mouvoir sans souffrir.

Au bout de six mois environ, j'ai senti une amélioration, je pouvais à nouveau me pencher et toucher mes genoux. Après huit mois, je pouvais toucher mes pieds, ce qui signifiait que je pouvais à nouveau prendre de vraies douches.

J'ai appris qu'il faut écouter son corps et ne pas le pousser au-delà du point où la douleur apparaît. Vous n'avez pas forcément besoin de suivre un programme d'entraînement intense ou de soulever des poids encore plus lourds. Vous n'avez pas besoin de toujours pousser plus fort. Il vous suffit de bouger car l'excès d'exercice peut provoquer des blessures.

Les petits-enfants aussi.

Il n'y a pas si longtemps, je courais après mes petits-enfants en montant les escaliers. J'ai tourné à un angle et je me suis tordu le genou. Après ça, je boitais et je ressentais une douleur atroce. Je ne savais pas ce qui s'était passé alors j'ai consulté Dr Internet et j'ai vu qu'on pouvait se blesser au genou si on était une personne âgée ou un athlète de haut niveau.

Ça m'apprendra à être une athlète de haut niveau !

Les amis de Kimbal, qui sont tous des athlètes de haut niveau ayant subi de nombreuses opérations du genou, m'ont dit que j'en aurais probablement besoin d'une. Ils m'ont expliqué qu'il ne faut que six semaines pour s'en remettre. Je leur ai répondu que c'était trop long car je devais défiler à la Fashion Week de New York deux semaines plus tard !

J'ai mis de la glace sur mon genou et je l'ai gardé en hauteur, comme me l'avait suggéré Dr Internet.

À l'essayage, l'équipe m'a dit : « Il va y avoir beaucoup d'escaliers ». J'ai paniqué parce que je pouvais marcher, mais les escaliers étaient une épreuve.

Le spectacle avait lieu au Met Opera, il y avait quatre étages à monter, quatre étages à descendre. J'ai dû les parcourir quatre fois. Par bonheur, on m'a donné des chaussures plates. Je suis professionnelle et il était hors de question que je me plaigne. J'ai seulement fait face à la douleur mais j'ai souffert.

J'ai survécu à cet événement et, en rentrant à la maison, j'ai appelé mon médecin. Il m'a dit de mettre une crème analgésique sur mon genou et de consulter un chirurgien orthopédique. Par chance, il s'agissait d'une entorse qui allait guérir avec le temps et je n'avais pas besoin d'opération.

J'ai réussi à traverser de nombreuses périodes difficiles car j'étais en bonne santé et mes enfants aussi. J'ai beaucoup de reconnaissance pour ça. Un petit insecte, une petite mésaventure et vous êtes hors-jeu pour plusieurs jours. C'est là que vous réalisez que le plus important, c'est la santé.

Aujourd'hui, je n'en fais pas trop. Je m'entraîne sur mon vélo d'appartement et je vais sur le tapis de course si mes genoux me font mal. Si m'exercer sur le tapis s'avère trop douloureux, je fais des étirements et j'utilise des poids. Un jour ou deux plus tard, je peux me remettre au vélo d'appartement sans avoir mal. Je suis plus prudente lorsque je cours après mes petits-enfants. Quand j'ai mal au genou, je porte une genouillère.

Tout comme les sportifs de haut niveau.

Fréquentez des personnes heureuses

Les relations saines vous sont bénéfiques

Mes clients me disaient que je leur coûtais moins cher que leur psychologue car, lorsqu'ils mangeaient mieux, ils se sentaient plus heureux, plus forts et plus confiants. Les émotions jouent un rôle important dans la santé. Quand on est malheureux, il est plus difficile d'avoir la force et l'énergie nécessaires pour bien manger. On va rechercher des aliments réconfortants, qui sont toujours riches en graisses.

Fréquenter des amis ou des membres de votre famille qui vous rendent heureuse est excellent pour la santé. En tant que scientifique, ce n'est pas un sujet que j'ai étudié mais c'est une question de bon sens. Si vous entretenez des relations saines, vous vous sentez physiquement en bonne santé. Dans le cas contraire, on se sent abattue et triste.

J'ai la chance d'avoir une famille proche heureuse et une famille élargie qui l'est aussi. Nous aimons passer du temps ensemble et rire aux éclats jusqu'à en pleurer. Prendre soin de sa famille est une valeur que ma mère m'a inculquée par l'exemple. Elle a toujours pris soin de nous, s'assurant que nous étions bien nourris, et nous encourageait à explorer différents centres d'intérêt. Elle s'est aussi assurée que nous prenions bien soin de nos propres enfants. Quand j'ai divorcé, ma mère m'a dit : « La famille d'abord ». Elle entendait par là faire passer mes enfants avant tout le reste. Je suis restée mariée pour le bien de mes enfants puis j'ai divorcé pour la même raison.

« La famille d'abord », voilà comment fonctionne la mienne. Se réunir régulièrement compte pour nous. Ce n'est pas toujours facile pour 40 personnes très occupées qui vivent dans différentes villes, mais nous en faisons une priorité.

Une année, toute notre famille élargie est allée au Costa Rica. Une autre année, nous avons choisi la Costa Brava, en Espagne. Nous cherchons des endroits où nous pouvons réserver un petit hôtel qui sera complètement occupé par notre famille.

Si nous passons de si bons moments ensemble, c'est en partie parce que chacun a la possibilité de faire ce qu'il veut. Certains vont faire du sport, d'autres vont lire, nager ou se promener. Certains dorment, d'autres mangent. Lors de ces voyages, vous savez que vous êtes entourée de gens qui vous aiment et vous avez le droit de faire ce que vous voulez. Nous ne sommes pas étouffants. Si des activités sont organisées, vous pouvez y participer ou non.

Si quelqu'un veut passer son temps sur ton téléphone, pas de problème. Si c'est sur l'ordinateur portable, pas de problème non plus.

Au coucher du soleil, Kaye va se baigner toute seule. Elle peut nager trois heures par jour, c'est une grande nageuse. Elle ne se soucie pas de savoir si quelqu'un est avec elle ou pas. Il m'arrive de la suivre mais elle nage beaucoup plus vite que moi. Et, après trente minutes, je suis fatiguée tandis qu'elle continue. Elle fend les eaux.

Parfois, ceux qui veulent visitent les villes voisines. Ou bien nous organisons un dîner au restaurant et nous essayons d'y faire entrer quarante personnes.

Un soir, nous sommes tous arrivés pour le dîner. Tous les petits-enfants couraient partout et criaient, et il y avait beaucoup de bruit.

J'ai dit à Kaye : « Je n'en peux plus de tout ce bruit ». Elle m'a répondu : « Moi non plus ! » Nous avons pris des sandwichs et nous sommes allées à la plage. Nous nous sommes assises seules, nous avons regardé la mer et nous avons passé une soirée paisible ensemble.

Parfois, je retrouve seulement mes enfants et leurs enfants. Au Thanksgiving, après la naissance des jumeaux de Tosca, nous avions prévu de passer les vacances chez Elon. SpaceX lançait une fusée et Elon voulait qu'on soit tous là. La veille, j'ai reçu un e-mail qui disait : « Les vols pour Orlando ont été réservés demain matin.»

J'ai appelé Tosca pour le lui dire mais elle était déjà endormie. J'ai réussi à joindre la nounou et je lui ai indiqué : « Vous devez aller à l'appartement de Tosca et la réveiller à 6 heures du matin car elle doit être à l'aéroport à 7 heures pour prendre son vol ». Vous imaginez à quel point nous étions fébriles avec tous ces plans de voyage à la dernière minute. Nous avions les deux petits bébés avec nous et ils hurlaient. Nous avons essayé de les réconforter pendant des heures tandis que nous jetions des regards penauds aux passagers autour de nous.

Arrivées à Orlando, nous avons pris un bus pour le lancement à Cap Canaveral. On a mangé un plateau-repas à base de dinde avec tout le monde dans le bâtiment de la NASA.

J'apprécie d'avoir une famille proche car nous pouvons nous faire confiance et nous soutenir mutuellement. Nous avons traversé bien des périodes difficiles mais nous sommes restés soudés. C'est une relation vraiment privilégiée.

Parfois, les gens me disent que leur famille est méchante. Je n'y crois pas jusqu'à ce que je la rencontre et que je vois ses membres s'insulter en permanence. Je pense à mon ancienne belle-famille : c'était à qui crierait le plus fort à chaque repas. Je ne sais pas comment s'épargner ça autrement qu'en ne passant pas de temps avec sa famille. Si votre famille vous rend malheureuse, trouvez des amis qui vous rendent heureuse et vous font sourire. Si votre famille ne peut pas être là pour vous, vos amis peuvent certainement être présents dans les bons comme dans les mauvais moments.

Lorsque nous prenons soin les uns des autres, tout le monde y gagne.

Avoir 71 ans, c'est formidable

Gardez le sourire

Certains de mes amis ont mon âge et beaucoup sont plus jeunes que moi. Tous s'enthousiasment pour la vie. Mon hashtag sur les réseaux sociaux est « #Its-GreatToBe71 » car j'adore avoir cet âge !

D'après les commentaires que je lis sur les réseaux sociaux, les gens semblent avoir peur de vieillir. Lorsqu'ils voient mes posts, cela les fait se sentir mieux par rapport à leur avenir et à leurs rides. Je réponds également à de nombreuses interviews : comment je profite de mon âge et pourquoi les personnes âgées devraient être admirées, appréciées, perçues comme des références et avoir du style.

Une des raisons pour lesquelles je n'ai pas peur de vieillir est que chaque décennie de ma vie a été meilleure que la précédente. Ma vingtaine a été affreuse, à l'exception de mes trois merveilleux enfants. Ma trentaine a été assez mauvaise, elle aussi. Ma quarantaine a été un tourbillon d'activités pour simplement survivre. Durant la cinquantaine, j'étais nouvelle venue à New York, j'essayais de lancer mon entreprise et de me faire des amis. Ma soixantaine était plus stable avec mes enfants, mes petits-enfants et mon travail. Aujourd'hui, je suis plus affairée que jamais. Je ne m'y attendais pas mais j'adore ça.

L'autre raison pour laquelle je n'ai pas peur de vieillir est que ma mère m'a montré l'exemple. Lorsque mon père est décédé, ma mère avait 61 ans. Il avait 73 ans et il est mort dans un accident d'avion avec le mari de ma sœur jumelle. C'était tragique et ça nous paraissait impossible, on le considérait comme une espèce de Superman.

Ils avaient été si heureux en ménage que nous pensions qu'elle ne s'en remettrait jamais. Nous ne savions pas ce qui lui arriverait, elle avait toujours été avec lui, l'aidant et le soutenant.

Nous ne pouvions pas plus nous tromper. Elle s'est épanouie. Au milieu de la soixantaine, elle a commencé à prendre des cours d'arts plastiques. Elle s'est mise à la sculpture sur bois, à la poterie et à la peinture. Elle a voyagé à travers tout le pays, peignant à l'huile et à l'aquarelle des paysages ainsi que des maisons. Elle expose régulièrement ses œuvres à Pretoria.

Elle était également photographe et elle a commencé à exposer ses photos, puis à remporter des prix. Vous verrez que certaines de ses photos de nous dans le désert sont magnifiques. Nous n'avions pas réalisé tout le talent qu'elle avait. Elle m'a transmis ses cheveux argentés mais pas son talent artistique. À 70 ans, elle s'est mise à la gravure à l'eau-forte. Le processus est difficile, il consiste à graver une plaque de métal à l'aide d'une pointe, puis à utiliser divers produits chimiques pour finalement transférer le dessin de la plaque sur un papier à l'aide d'une presse. Elle s'est procuré tout le matériel et a appris à s'en servir. Elle figurait dans le *Who's Who* des artistes d'Afrique du Sud. Elle a travaillé nuit et jour son art et cela l'a menée à une carrière artistique de 22 ans en Afrique du Sud.

À 86 ans, elle est revenue au Canada et a tout recommencé. À ce moment-là, la société Zip2 avait été vendue et nous avons eu les moyens de faire venir ma mère et ma sœur par avion afin quelles se rapprochent de la famille.

D'autres personnes s'inquiétaient du fait que les amis de ma mère lui manqueraient. Lorsque je l'ai appelée pour lui poser la question, elle m'a répondu qu'elle n'était pas du tout inquiète car tous ses amis étaient décédés. Elle dessinait, continuait la gravure (elle avait apporté son matériel avec elle) et exposait régulièrement. À l'époque, ma sœur Lynne vivait avec elle et enseignait la danse. Puis elle s'est mise à l'art numérique, à 59 ans elle aussi.

Mais ce n'était que le début pour notre mère. À 94 ans, elle tremblait trop pour continuer les arts plastiques. Au lieu de ralentir, elle a profité de la technologie et a appris l'art numérique. À 96 ans, elle tremblait trop pour cela aussi, alors elle a pris sa retraite. Puis elle s'est mise à lire insatiablement et elle suivait tous nos voyages sur une carte. Elle disait qu'elle n'avait jamais été aussi heureuse qu'en étant nonagénaire.

Je pense que nous pouvons attendre une certaine période avec impatience.

Je me souviens d'être allée avec elle au thé des « anciens », un rassemblement de personnes âgées dans une petite ville de l'Alberta. C'était un événement pathétique : tous se plaignaient. Nous sommes parties et je lui ai demandé : « Est-ce qu'ils sont devenus grognons en vieillissant ? » Elle m'a rétorqué : « Non, ils étaient déjà comme ça quand ils étaient plus jeunes ».

Si vous êtes une personne grincheuse, vous pouvez faire en sorte de vous entraîner dès aujourd'hui pour que cela change. Sinon, vous resterez grincheux en vieillissant.

Ma mère était une personne incroyable à côtoyer. Elle a gardé toute sa tête jusqu'à 98 ans, âge auquel son corps a cessé de fonctionner et auquel elle est décédée. Kaye était avec elle et a dit qu'elle riait ce matin-là. Ma mère n'a jamais eu peur de vieillir, elle n'en a même jamais fait mention. Elle avait toujours très belle allure : elle mettait du rouge à lèvres rouge vif où qu'elle soit et aimait toujours porter des boucles d'oreille lorsqu'elle sortait. Dans ses vieux jours, elle avait de magnifiques et longs cheveux blancs. Elle était toujours bien habillée (excepté les taches de peinture sur ses vêtements).

Elle était invariablement positive, tout comme mon père. Je me souviens de lui comme d'une personne perpétuellement à la recherche de joie. Même au dos de ses cartes de visite, on pouvait lire « Gardez le sourire ». Il insufflait ce sentiment à tout ce qu'il faisait. Ils n'élevaient jamais la voix et je ne les ai jamais entendus se disputer.

Si vous vivez assez longtemps, les problèmes se répètent. Quand vous entendez parler de quelque chose de terrible ou si quelqu'un est horrible avec vous, c'est un peu comme cocher une case. Cela vous est déjà arrivé, ça vous a bouleversée. La fois suivante, c'était moins affreux. Maintenant, vous pouvez vous en débarrasser.

Nous avons eu des décès dans notre famille, qui compte de nombreux membres. La première fois, vous êtes dévastée. Vous croyez que vous ne pourrez pas vous en remettre mais vous y arrivez. Vous pouvez même parler des gens qui sont morts sans vous effondrer. C'est le bon côté de l'âge.

Quand je rendais visite à ma sœur aînée, qui avait un cancer du côlon, j'emmenais mon chien. Puis mon chien a vieilli et il est tombé malade, j'étais bouleversée. Ma sœur m'a fait remarquer que je devais prendre conscience du fait que je vivrais plus longtemps que mon chien. Je pense à ce rappel à la réalité, maintenant qu'elle est décédée. Elle avait conservé son sens de l'humour jusqu'à la fin.

Une fois où je l'emmenais au supermarché, elle devait se tenir au caddy tant elle était faible. Nous avons croisé une de ses connaissances qui lui a dit qu'elle avait l'air en forme, qu'elle avait perdu du poids et qui lui a demandé quel régime elle suivait. Elle a répondu « Le cancer ! » et s'est mise à rire.

Mon 70e anniversaire fut célébré à deux reprises. Une première fois à New York par la chaîne de magasins de cosmétiques CoverGirl et le magazine *Harper's Bazaar*. Beaucoup de personnes du secteur de la mode, des mannequins et des amis de l'époque où j'y vivais sont venus.

La seconde fois à Los Angeles : Elon, Kimbal et Tosca avaient organisé une énorme fête. C'était une journée magnifique. Il y avait un diaporama avec mes photos à travers les âges, des ballons à l'extérieur de la maison, des cocktails spéciaux, un bar à glace, des danseurs professionnels et un DJ avec un saxophoniste. J'étais entourée de tant de mes amis et de membres de ma famille. Une amie d'école, quand j'avais 11 ans, était là. Elon, tout droit sorti de l'immense usine Tesla, en t-shirt. Julia, ma meilleure amie, avec son mari. Des diététiciens avec lesquels j'avais travaillé au fil des ans, qui avaient créé un classeur d'anecdotes de collègues, un véritable recueil de compliments et de gratitude qui m'a émue aux larmes.

Si vous apprenez quelque chose de moi, que ce soit ceci : n'ayez pas peur de vieillir et fréquentez des amis qui n'ont pas peur de vieillir. Amusez-vous avec vos amis, de tous âges, qui vous apprécient parce que vous êtes fascinante, intéressante, intelligente, confiante et peut-être élégante (selon votre propre point de vue). Soyez une oreille attentive, soyez bienveillante avec autrui, quel que soit son âge. Si quelqu'un vous dit que vous êtes trop vieille, dites-lui au revoir, surtout si vous sortez avec cette personne.

Vieillir est formidable. Nous devenons plus sages en vieillissant. J'ai eu l'agréable surprise de constater que nous gagnons aussi en assurance. Nous savons aussi que nous devons nous débarrasser des abrutis plus rapidement que par le passé. On peut dire que j'envisage l'avenir avec enthousiasme.

À ce stade de ma vie, je m'amuse comme une folle. Tout d'abord, j'ai écrit ce livre pour que d'autres femmes puissent avoir une vie meilleure. Cela me fait du bien et j'espère que le lire vous fera du bien à vous aussi.

Je suis septuagénaire depuis quelques années seulement mais j'ai hâte de vivre la suite.

CONCLUSION

Faites votre propre plan

Commencez dès maintenant

En commençant à écrire ce livre, j'ai fait un voyage à New York. J'ai déjeuné avec mon éditeur, assisté à un événement de lancement de CoverGirl et enregistré un podcast avec le rédacteur en chef du magazine *Allure*.

Je séjournais dans un très bel hôtel. Je venais de finir un appel avec Tosca, qui était sur le tournage d'un film. J'envoyais des SMS à Kimbal, qui ouvrait un restaurant cette semaine-là, et j'étais assise dans le hall, regardant avec fierté le lancement de SpaceX par Elon sur mon iPad.

D'un coup, je me suis souvenue que j'avais déjà été dans cet hôtel auparavant. C'était pour un shooting de mode. J'avais la cinquantaine et je vivais à New York. Je venais à peine d'ouvrir mon cabinet de diététique. L'hôtel ne semblait pas avoir bougé d'un iota mais je suppose que moi, j'avais l'air différente. Ma situation était différente.

Après ce shooting, tout le monde était allé prendre un verre au bar du restaurant. J'aurais aimé me joindre à l'équipe mais je suis partie car je n'en avais pas les moyens. Peut-être que quelqu'un me l'aurait offert. Mais, si ça n'avait pas été le cas ? Si vous ne pouvez pas vous permettre quelque chose, ne le faites pas. Je ne me suis pas sentie privée de quoi que ce soit ni désolée pour moi-même. Je ne me suis jamais dit : « Un jour, je reviendrai ». Je n'aurais certainement pas imaginé que, si je revenais un jour, ma situation serait celle qu'elle est aujourd'hui.

J'ai continué à travailler dur, à élaborer un plan et à aller de l'avant. C'est peut-être pour cela que je me réveille chaque matin en étant optimiste. J'ai vécu avec beaucoup et j'ai vécu avec rien. J'ai pu constater qu'on ne sait jamais ce qui nous attend. Je suis en bonne santé, j'aime mon travail, j'aime ma famille et j'ai de très bons amis.

Que ce soit dans la santé, dans les affaires ou dans la vie, il n'y a pas de solution miracle. Tout ce que vous avez, c'est votre travail acharné, votre optimisme, votre honnêteté, du bon sens et un plan.

Vous pouvez avoir un plan mais il ne marchera peut-être pas. Alors vous devrez en faire un autre. Les hauts et les bas se succèderont dans votre vie, comme des montagnes russes. Les hauts seront des périodes formidables, les bas seront des moments infernaux. Quand vous êtes en bas, vous devez savoir comment vous en sortir. Avec l'âge, les bas sont moins tragiques, moins douloureux et moins blessants, car vous les avez déjà traversés.

Vous devez décider vous-même quand vous voulez être heureuse. Pourquoi tarder à changer de carrière, à améliorer votre santé, à avoir une famille et des amis heureux, à aimer votre vie ? À certains moments, j'ai cru que je ne serais jamais heureuse. Jamais !

Puis, j'ai fait un plan pour m'en sortir car le malheur permanent n'est pas une façon de vivre.

Alors, faites votre plan maintenant.

REMERCIEMENTS

Je remercie ma mère, qui a été l'exemple même d'une femme intelligente, travailleuse, gentille, sage et confiante. Je suis sûre qu'elle aurait été fière de ce livre. Il y a 24 ans, elle avait lu mon premier ouvrage à haute voix, ligne par ligne.

Merci à Kanessa Tixe qui a insisté pendant deux ans pour que j'écrive ce livre. Je ne pensais pas avoir de message important jusqu'à ce que je commence à travailler à travers le monde et à raconter mon histoire aux médias, aux personnes que je rencontrais et lors de conférences.

Je tiens à remercier mes agents littéraires, Paige Sisley et Sally Harding, qui ont montré tant d'enthousiasme à travailler à mes côtés. Elles avaient apprécié les conseils de mon ancien livre et je sentais que j'avais autre chose à dire.

Je voudrais remercier ma styliste et meilleure amie, Julia Perry. Grâce à elle, je suis toujours au top et elle veut le meilleur pour moi. Merci à Ali Grace Marquart, qui a vérifié tous mes contrats, dont celui pour ce livre et qui m'a toujours protégée.

Merci à Sandra Bark qui a divisé mon histoire en chapitres.

Je voudrais remercier mon éditrice, Emily Wunderlich, qui a passé plusieurs semaines à travailler sur le manuscrit et m'a aidée à rester concentrée sur le message.

Enfin, merci à Viking Penguin Random House d'être aussi enthousiaste que moi sur ce projet.

NOTES

NOTES

NOTES